南朝大争霸

5 萧梁落幕

草军书 著

天津出版传媒集团
天津人民出版社

图书在版编目(CIP)数据

南朝大争霸. 5, 萧梁落幕 / 草军书著. — 天津：天津人民出版社, 2018.8(2020.6重印)

ISBN 978-7-201-13874-9

Ⅰ. ①南… Ⅱ. ①草… Ⅲ. ①中国历史—南朝时代—通俗读物②中国历史—梁国—通俗读物 Ⅳ. ①K239.109

中国版本图书馆CIP数据核字(2018)第174056号

南朝大争霸⑤萧梁落幕

出　　版　天津人民出版社
出 版 人　黄　沛
地　　址　天津市和平区西康路35号康岳大厦
邮政编码　300051
邮购电话　(022)23332469
网　　址　http: //www.tjrmcbs.com
电子信箱　tjrmcbs@126.com
责任编辑　刘子伯
印　　刷　北京合众伟业印刷有限公司
经　　销　新华书店
开　　本　710×1000毫米　1/16
印　　张　12.5
插　　页　0
字　　数　176千字
版次印次　2018年8月第1版　2020年6月第2次印刷
定　　价　35.00元

序　言

南朝：黎明的边缘

很多人都了解中国历史，说起刘邦、李世民、赵匡胤、朱元璋，个个都相当熟悉，讲起他们的逸事张口就来；很多人都不了解中国历史，说起刘裕、萧道成、萧衍、陈霸先，搜肠刮肚也想不起这南朝的“四大天王”皇帝到底是何人物、有何作为。这就是《南朝大争霸》系列图书创作的初衷与目的——普及鲜为人知的南朝历史，展示非同寻常的南朝文明。

南朝是继东晋之后建立于长江以南的四个朝代的总称，包括宋、齐、梁、陈。时间很短，从420年刘裕建宋开始，到589年陈叔宝亡国结束，170年的时间在历史的长河中如弹指一瞬。

如果把中国古代国家史比作一天的话，那么南朝时代大约相当于八九点钟的时间段。商周时期，一切都在原始起步，那是黑夜中的艰难摸索时刻；春秋战国，天下分崩，一片混沌之中，思想文化、科技军事之花竞相绽放，黎明的曙光开始显现；雄霸天下、傲视南北的汉朝似朝阳初升，光照万里；魏晋之后踏入南朝，历史的天空暂时晴转多云；在隋文帝杨坚灭掉南朝最后一个政权后，一个巨无霸帝国跃然而出，海宇一统的隋唐盛世将大中国推入烈日曜空的正午时空！

南朝是历史上的一个分裂时代，一百七十年间，朝代更替迅如流星，其兴也勃，其亡也忽，后浪拍前浪，一代追赶一代。历史总是在杀戮中刷新昨日，飞溅的鲜血虽然令人不忍直视，但无法否认，那残忍的红色华丽浇灌出的往往是一朵朵代表蜕变、进步、希望、向上的花朵。处于黎明边缘的南朝虽然纷乱不息、桀骜不驯、野性斐然，但“一日之计在于晨”，一天中所有的能量、所有的目标、所有的愿景、所有的美好，都在此刻孕育和诞生，没有早晨的艳阳，没有多云的涅槃，就不会有正午的烈日。

南朝是以今天的江苏南京为中心的汉民族政权，面对一直对南方虎视眈眈的北方政权，南朝的存在为延续、发展以汉文化为重心的华夏文明起到了中流砥柱的作用。社会体制方面，这一时期的人才制度变革对中国后世的影响极为深远。权贵世袭体制逐步被打破，阻碍社会进步的门阀制度日渐式微，寒门知识分子以才进位跻身中枢成为普遍现象，这为其后隋朝创设的影响中国和世界人才选拔制度的科举制提供了条件准备和现实借鉴。文化方面也是可圈可点，齐梁时期的“永明体”诗歌首次将四声融入诗篇，严格追求押韵对仗，成为新体诗的开端，直接催生出了格律严谨、神韵奔放的唐朝诗歌。今天的读者在阅读朗朗上口、抑扬顿挫的优美唐诗时，别忘了唐诗的形式来自于早它们一百多年的南朝永明体。没有永明体，就没有唐诗；没有唐诗，中国的传统文化不知道要逊色多少。

南朝其实有着数不清的名家：范晔、范缜、祖冲之、谢灵运、刘勰、钟嵘、沈约、檀道济……他们或是才高八斗的诗人，或是智慧过人的科学家，或是学识渊博的史学家，或是足智多谋的军事家……每一个名字，都是一座耸立在历史时空的人文高峰。他们身披朝阳，把日色金辉撒向未来。一千四百年后，我们依然能感受到他们传递出的火热能量，千年万载，取之不竭。

一个如此精彩绝伦、不可忽视的时代，每一个中国人都应该深深地了解它、走近它、拥有它！

从阅读“南朝大争霸”系列开始吧！

草军书

二〇一六年六月

目　录

第一章　一波三折太子路

中国古代的皇权继承主要有三种模式：第一种属于祖传职业，父亲临死前对太子说：娃啊，爹不行了，这个皇位过户给你吧！第二种是禅让制，姓A的皇帝对姓B的皇帝说：大哥，我水平差，能力有限，无法胜任皇帝这个高技术含量的职业工种，您才高八斗、能力突出，我自觉自愿、心情愉快、毫无强迫感地把皇位让给您，您就行行好，给个面子答应下来吧！第三种是暴力式，自下而上起兵推翻现政府，要么活捉皇帝，要么害死皇帝，要么逼得皇帝上吊、跳井、自焚，然后取而代之。

除第一种外，通过第二种和第三种方式实现皇帝梦的人，几乎都有着一个共同的特点：残暴嗜杀。每一条通向皇帝宝座的红色大道，都是用对手的鲜血染红的。没有残杀，就没有成功。有儿子杀父亲的，有女婿杀岳父的，有弟弟杀哥哥的，有叔叔杀侄子的……在至高无上的皇权诱惑下，亲情人伦皆轻如鸿毛，不值一提。

不过，我们也不能只看到那些踩着别人尸体登基的皇帝残暴的一面，他们其实还具备另一些共同点：机智、勇敢、缜密、冷静……因为没有真本事，断无脱颖而出的可能。可以说，这些成功的皇帝都是天使与魔鬼一体化的。

梁武帝萧衍也具有天使与魔鬼的复合性，他以第二种方式夺得皇位后，他的后代继承皇权的方式便变成了第一种祖传式。虽然权力在内部交接，但即使在和平环境下，皇位的传承也充满着变数与波折。

中国的每个王朝都有一个避不开的重大敏感问题——选择皇位接班人。到底由谁来接过老皇帝手上的枪战斗到底呢？谁都想当这个接班人，但合法的皇位接班人只有一个，那就是太子。太子接班，天经地义，顺理成章。然而，最高权力的交接实际上不会每次都那么顺利，几乎各朝各代都遇到过“到底选谁当太子”的尴尬和困难。因为太子的人选，决定着国家未来的发展以及家天下的血脉传承。

南梁国也不例外，萧衍在位时，太子问题就相当曲折坎坷。而他钦定的最终人选难以服众，引发了一系列后遗症，并导致了严重后果，给国家和他自己的个人命运同时带来了悲惨结局。

梁武帝萧衍选太子的那些事，说来话长，得从他的养子萧正德说起。萧正德的事情上本书曾经简单介绍过，这次我们来详细说道说道。

萧正德是萧衍的六弟萧宏之子。萧衍结婚很多年都没有儿子，只有女儿，快四十岁的萧衍对生儿子这件事已经不抱希望了，考虑到家门香火接续大计，便从弟弟萧宏那里把萧正德过继来给自己当儿子。

那时候，萧衍还没有发达，也看不到发达的征兆，他根本不知道自己将来能当上皇帝，更不知道自己将来能活到八十多岁，否则，打死他也不会把侄子要过来做儿子的，那么好的条件和机会，谁不想再努力拼一把生出个亲儿子？

不知道是不是萧正德给萧衍带来了好运，自打认了这个儿子，萧衍突然时来运转，出镇地方，成为雍州刺史。又以雍州为基地起兵造反夺天下，一路顺风顺水地杀到都城建康。在建康城下，萧衍得到了一个重大的好消息，他的妾室丁令光给他生了一个他多年来梦寐以求而不得的儿子！这个男孩就是后来被立为太子的萧统。

然而，对于萧正德而言，这个消息则是一个重大噩耗，从此，他这个养子变成了累赘。有妥妥的亲儿子，还要没有血缘关系的干儿子干什么？所以萧正德便被归还本宗，又重新回到了亲爸爸萧宏那里，再次成为萧宏的儿子。

整个过继的过程，萧正德仿佛是伯父萧衍家紧缺的一件必需物品，被伯父爱惜地使用了一段时间以后，又给还了回来。本来应伯父的强烈要求，说好了这件物品的所有权永久属于伯父，不承想伯父在自己突然拥有了同样功能的物品后，便违反合同约定，将这件物品退了回去。萧正德心里这个气呀，他对伯父萧衍这种悍然退货的行为特别愤怒，终其一生都因为这事将萧衍拉在差评黑名单里。

萧正德对萧衍这么愤恨自有他的道理。他认为，既然萧衍把自己领养为子，那自己就是他的长子。后来萧衍一不小心当上皇帝，萧正德觉得自己应该以皇帝长子之尊被立为太子才对，怎么都不应该是刚出生不久的萧统当太子。

萧正德这种想法到底过不过分、应不应该呢？如果严格地按照程序和诚信原则来，萧衍确实不应弃养子而立亲子，因为毕竟第一个称呼萧衍为爸爸的男人是萧正德，既然你认他为儿子了，就应该把他当亲儿子一样对待，既然跟亲儿子一样，那就应该按照先来后到的长幼次序，把太子的桂冠戴到萧正德的头上。

如果纯粹地看，确实是这么个理，但这世界上哪有完全的纯粹？尤其是涉及血缘远近方面的事情，怎么可能完全按照规则、规矩来？显然，萧正德在这个问题上是钻牛角尖钻昏了头。萧衍在立太子这件事上，确实存在程序瑕疵，但这种瑕疵几乎所有人都能理解，萧衍毕竟不是一尘不染的圣人，怎么能要求他把好不容易得来的天下基业，放着自己的亲生儿子不给，而给一个血缘生疏的外人？

养子成为皇帝在五代时期倒是非常普遍，像后唐皇帝李嗣源、李从珂，后晋少帝石重贵，还有后周世宗柴荣等人，都是以皇帝养子的身份继承大统的。不过这些养子之所以能成为皇帝，都是有特殊原因的，有的是因为阴谋，有的是因为皇帝本人的儿子太小，乱世中小娃娃当皇帝的下场肯定是不得好死，不如做个人情把皇位当成超大礼包送给养子。当然也有自己没有儿子，无可奈何将皇位传给养子的皇帝。比如后周太祖郭威就是这种情况，他的儿子都被前朝皇帝杀死了，正好养子郭荣（即位后恢复本姓柴）也堪当大任，便把皇位传给了养子，郭威因此成了中国封建历史上唯一一个主动将皇位传给和自己没有任何血缘关系者的皇帝。

但这些都是近500年后才发生的事情，在南朝的时候，还没有像萧正德这样的养子继承大统的先例，所以说，萧正德对萧衍的要求高得有点过分。其实作为皇帝养子，他应该有自知之明，摆正位置，不要企图跟皇帝的亲生骨肉争宠邀媚，不然结果是显而易见的。

同样身为皇帝养子，宋英宗赵曙就做得特别到位。他很小的时候就被宋仁宗赵祯接到宫里认为养子，并作为太子培养，一直培养了二十多年。这么漫长的时间里，宋仁宗一直在后宫孜孜忙碌，希望能生出个接班的亲儿子，赵曙当时的地位只相当于他的太子备胎。其间多名大臣曾建议宋仁宗早日将赵曙立为皇太子，以便安定国事，但宋仁宗一直“嗯啊哦”地拖拖拖，说后宫有怀孕的嫔妃，再等等看，看生下来的是不是儿子。这么尴尬的氛围中，赵曙都淡定自若地坚持下来了。要是换成萧正德，估计早就焦虑得患上抑郁症了。

赵曙在等待接班的过程中，始终抱着一颗平常心，不放弃、不绝望、不苛求。当对生子绝望的宋仁宗在死前一年终于决定立赵曙为唯一皇子时，才在家为生父守完孝的他在入宫前还嘱咐手下，好好替他看好房子，等皇帝有了皇子后，他就回家来住。当然，结果是他没有回来，第二年便登基为帝。

对比赵曙的心态，我们就会发现，萧正德对皇位太痴心妄想了，如果他能有赵曙一样的心态，也就不会觉得自己吃大亏，哭晕在厕所了。

其实，换一种思路，退一步想，内心就会释然。自己本来是皇帝弟弟的儿子，虽然被退货了，但毕竟父子一场，自己即便成不了太子，也一定会被加倍厚待，那不还是赚了吗？可惜，萧正德不这么想，他觉得皇帝萧衍欠他一个太子名分，使他失去了整个天下。就这样，萧正德变成了一个怨男，对萧衍的怨恨贯穿终生，一生都在萧衍的优待与关照中，锲而不舍地干着拆萧衍的台、挖萧衍墙角的活儿。

萧衍不立萧正德为太子这件事，抛开其他层面的原因不谈，单就这一决定本身来说，是非常正确的。因为萧正德并不是一个好人，而是个不学无术、品行恶劣的纨绔子弟。他要是真当上了皇帝，一定是国家遭殃，百姓遭罪，等于是刘子业、萧宝卷那样的变态狂暴昏君再度出世。

萧正德是非常垃圾的一个人，如果这种垃圾能分类的话，他绝对是应该被扔到“不可回收”那个垃圾箱中的。本人跟萧正德无冤无仇，这么强烈地贬低他，没有任何主观原因，只是因为他确实太垃圾了。

这家伙很小的时候就全身淌坏水：“少而凶慝，招聚亡命，破冢屠牛，兼好弋猎。”萧正德从小就凶悍奸邪，身边总是聚集着一群无赖子弟和亡命之徒，他每天带着这些人到处打猎。要光是打猎也就罢了，反正那会儿野生动物比人还多，虎豹狼熊、兔子野鸡，爱打啥打啥，不犯法。但这么老实守法就不是萧正德了，他最喜欢干的都是伤天害理的违法之事，比如，盗掘人家的坟墓，偷宰人家的耕牛。挖坟是中国人最忌讳的事情，而萧正德专干这个勾当，把人家祖坟挖开，看里面有没有值钱的财宝。还喜欢把别人家的耕牛偷来宰了吃肉。

耕牛在古代农耕社会中极其重要，翻田犁地缺了它可不行，所以历朝历代皆禁止杀牛吃肉，除非官府特许，否则牛肉都是违禁品。据传，在南梁担任要职的大臣傅昭有天在家休息时，他的儿媳妇想给公公改善伙食，便偷偷用牛肉为他做了份美食。傅昭看到餐桌上的牛肉后，觉得事态严重，把儿子叫到跟前，指着香喷喷的牛肉说：“食之则犯法，告之则不可，取而埋之。”傅昭跟儿子讲，你媳妇烧的这牛肉，我要是吃的话就触犯了法律，但我也不能端着牛肉去朝廷搞举报，趁着没人知道，赶紧把牛肉拿去埋掉了事。傅昭那么高的级别，连烧熟的牛肉都不敢吃，而萧正德却视宰牛如杀鸡一般平常，可见这人嚣张、无良到了什么程度。

萧正德为什么这么肆无忌惮地犯罪呢？因为他有背景、有后台呀。他的后台不是别人，正是梁武帝萧衍。凭着跟萧衍的关系，萧正德横行无忌，没人敢管他。

没有了官府和法律的约束，萧正德的人性之恶得到充分释放，行为越来越残忍无道，甚至公开在路上劫杀行人，看到漂亮女人，不管是谁的妻妾或是谁家女儿，他都直接抢掠回家。大臣徐敖的夫人是个美人，萧正德为了霸占她，趁徐敖外出时，派杀手将其刺死在路上。王伯敖贵为公卿，其女也迫于萧正德的淫威做了供他随意玩弄的小妾。

一个萧正德，把整个建康闹得鸡犬不宁、路断人稀，大家平时都不敢外出上街，家里大门也是早闭晚开，天还没黑就吓得早早把大门关了，第二天太阳老高才敢开门，生怕看到萧正德。

萧正德这么无法无天，他爸知道吗？当然知道。萧宏知道，但管不了，况且萧宏自己也不是什么好东西，贪财好色，家里光美女妻妾就有千把个，哪有心思和精力管儿子？“半路爸爸”萧衍就更知道了，一个浑蛋在京城这么破坏治安，大臣们都向皇帝汇报过几百回了，可萧衍根本不管，当作没看见，默默地飘过。

萧衍这个人的特点就是这样，任何情况下都纵容袒护家族亲戚，严厉打压百姓大众。执法时像个手电筒，只照别人，从不照自己。皇族成员无论犯了多么耸人听闻的大罪，他都会找各种理由予以宽恕原谅，处罚的板子高高举起，轻轻落下。举起的是大棒，落下的却是鸡毛掸子。而对待其他人，就会马上换副面孔，一律表现出冬天般的寒冷，民众哪怕犯点儿小罪，都给予严苛制裁。

有这样的后台护身，南梁萧家的皇族子弟个个撒着欢儿犯罪，反正没人能拿自己怎么样，不犯罪白不犯罪。萧正德是这么想的，也是这么做的，理论充分结合了实践。

有一次，萧衍实在是被这个犯罪爱好者搞得受不了了，把他找来一顿数落加怒骂，说你这个臭不要脸的，你知道我为你打了多少掩护吗？你抢劫财物，夺人妻女，我每次都为你遮掩，把事情压下去，指望着你能迷途知返，改过自新，可你的劣性却愈演愈烈。让你执掌兵权上战场，给你建立军功的机会，你每次还没见到敌人就望风而逃；派你去外埠当官，你每次都把所到之处害得鸡犬不宁、民不聊生。

萧衍越说越气，觉得这样的垃圾孩子必须得让他付出代价，于是一狠心，免去了他的一切官职、爵位和封地，下令把他流放到临海郡，大概在今天的浙江温州一带。这次萧衍存心要让这个混世魔王去东海边受受苦。

看到这里，如果你觉得大快人心，拍手称赞，那还是先别赞了，因为萧正德并没有真正受到流放之苦："未至徙所，道追赦之。"萧衍的自私病又犯了，觉得不应该这么严厉地对待自己的亲人，不应该让萧正德去受流放之苦，在萧正德刚被押解上路不久，离目的地临海郡还有好远的时候，萧衍派人快马追上萧正德，宣布赦免他的罪行，并恢复他的官职、封地和爵位。

萧衍就是这么一位为了亲情可以连是非都不分的皇帝，所以后来他摊上大事一点儿也不奇怪。

南梁皇族跟他前面的宋、齐两个朝代相比，素质和品质等各方面相对胜出不少。梁之前的两个朝代，都是暴君频出，各种变态皇帝和郡王层出不穷，只有梁朝没有出暴君，虽然自萧衍之后，南梁小朝廷风雨飘摇，他的几个儿皇帝相互之间倾轧踩踏，拥有的地盘还没有一个州郡大，但整体上没有出现特别恶心变态的皇帝，萧梁皇族成员中也是一样，文化达人多，人渣垃圾少。萧正德算是萧梁皇室唯一一个人渣级郡王，这个人渣到什么程度呢？连自己的亲妹妹都强奸霸占。

萧正德的妹妹被梁武帝封为长乐公主。萧宏有七个儿子，就这么一个宝贝女儿，成年后嫁给了谢禧。谢禧娶了萧正德的妹妹算是倒了八辈子大霉，本以为成了当朝天子的侄女婿会很开心、很幸福，没想到却召来了无尽的烦恼与屈辱，因为舅哥萧正德恋上了自己的妹妹，并且对其强行奸污。

为了达到长期占有妹妹的目的，萧正德放了一把大火，把谢禧和妹妹所住的公主府烧得一干二净。不单是放火，在放火的同时，萧正德还残忍地杀死了一个婢女。他用绳索把婢女捆住，在婢女手腕套上金玉首饰，将婢女扔到大火里，对外散布消息说公主不幸遇难，然后从火堆里找出烧成焦炭的婢女尸体与金玉首饰一块儿埋了。这就是将长乐公主的身份洗白了。

这之后，萧正德把妹妹领到家里，化名柳夫人，公开跟妹妹同居，还生下了两个儿子。这种乱伦真是禽兽之行，不知道这两个孩子到底应该喊他什么，舅舅还是爸爸？

不过世上没有不透风的墙，这种爆炸性的丑闻是瞒不住所有人的。黄门郎张准就完整地知晓这个秘密。

张准养有一种叫雉媒的宠物。雉就是野鸡，尾巴五颜六色的，很漂亮。古人特别喜欢野鸡，野鸡尾巴上高高翘起的羽毛是显示身份的高档装饰品，所以南朝那时候特别流行打野鸡，不去打一回野鸡都不好意思标榜自己在上流社会混过。齐武帝萧赜就有这种特别的爱好，打猎的时候专打野鸡，惹得他那个信佛的弟弟萧嶷动不动就给他写奏折，阻止他去干这种杀生又劳民伤财的事情。

因为打野鸡的盛行，雉媒就变得紧俏值钱起来。所谓雉媒，就是专门用来引诱其他野鸡上当的野鸡，相当于托儿。这种野鸡是专门训练出来的，放在山上不飞不跑，淑女一样文文静静地站在那里。别的野鸡一看，哇，这么优雅，赶紧从天空降落下来，打算交个朋友啥的，一下来就入套了，成了捕雉者的猎物。

张准也经常逮野鸡，雉媒是他最爱的宠物。没想到萧正德看上了他的漂亮雉媒，不容分说抢夺而去。张准很生气，但他拿抢劫者萧正德没有办法，只好耐心等待反击的机会。

一次宫廷做法事，包括太子萧统在内的所有萧梁皇室成员全部参加。在全部人员到齐，法事即将进行时，张准突然大声叱骂萧正德：“张准雉媒非长乐主，何可略夺！”张准拿准了萧正德的命门，在公开场合曝光他强占长乐公主的丑事，借此讨要被他抢走的雉媒。

张准这一嗓子没吓到萧正德，倒是把皇太子萧统吓坏了，他担心这件事扩散到父亲萧衍耳中，赶忙出来打圆场，并现场办公，协调解决此事。最后，法事一结束，萧正德就老老实实地派人把雉媒送还给了张准。

萧统在这次突发事件中的表现让人有点儿纳闷，不知道他是否已经知道萧正德和他妹妹在一起的事情，如果知道，这么荒唐的事情为什么不调查阻止呢？而且令人超奇怪的是，长乐公主被哥哥凌辱之后就没有抗拒或者控告过？这种过分的事情，如果朝廷知晓，一定会帮助她脱离萧正德的纠缠的，但她并没有这样做，而是跟哥哥一起生了两个孩子。

这事不能细想，细想的话，太恶心、太可怕、太不可思议了。关于这对兄妹俩在一起的事，史籍上没有更多明确的记载，奇异的真相已经被永远湮没。

一个连亲妹妹都强奸霸占的人，如果被立为太子，最后登基称帝，那他内心中的非人狼性到时会怎样地泛滥成灾？到时国家会被他整成什么样子我们不知道，但可以想象，肯定没有样子。

萧正德本身就是一个不像样子的人，他一方面在萧梁过得潇潇洒洒，另一方面却始终耿耿于怀萧衍不立自己做太子的事，一直到20多年后，他还因这件事怒气难消，普通三年（522年），萧正德竟然抛家舍口，只身投奔到北魏国。

看过上本书的朋友大概还记得，萧衍的二儿子萧综曾经投奔北魏，最后死在了北方。萧综其实并不是第一个逃奔北魏的萧梁皇室成员，第一个吃逃奔他国螃蟹的是萧正德。这哥俩接力比赛一样，前后轮番投奔北魏。

萧正德跑到北魏时，跟北魏皇帝说自己是梁国被废太子。北魏朝廷上下都一脸蒙圈模样，据我方情报显示，岛夷萧衍自立国以来从未更换过太子呀，怎么这里冒出来个被废太子？仔细一查，原来是萧正德为刷存在感而自编自导的假新闻。大老远跑来人生地不熟的异国，萧正德为引起北魏当局重视，故意往大了吹，说自己是被废太子。实际上，在他心里，如果萧衍真的重合同守信用，他早就是太子了。萧正德就是这样，一生都活在当太子的虚妄幻想中。

可是，萧正德兴致勃勃地投靠北魏，却并没有得到他预想中热烈与隆重的接待，北魏方面对他的投奔表现得相当冷淡，原因是觉得莫名其妙。魏人觉得，以萧正德在梁国的地位和处境，不至于出现这种逃奔他国的凄惨局面，没理由，讲不通，他们甚至怀疑萧正德是演苦肉计的间谍，特意到魏国来搞卧底的。

北魏重臣萧宝寅尤感纳闷，针对萧正德的投魏，他特地给皇帝上书分析："岂有伯为天子，父作扬州，弃彼密亲，远投佗国。不若杀之。"萧宝寅纳闷得脑袋都大了，伯父是当朝天子，父亲是扬州刺史，哪有这样显赫的人物抛弃骨肉至亲远投他国的？他觉得太蹊跷了，建议皇帝直接把他杀死了事，省得以后弄出什么幺蛾子来。

萧正德没想到跑来魏国会是这样的结果，只能打落牙齿往肚子里咽。为了让魏国朝廷相信自己的诚意，不再对自己存有戒心，他抓来一个小男孩杀了，谎称这小孩是自己的儿子，然后把小孩的尸体埋在魏国境内，向魏方表明自己这辈子扎根北方的决心。你看，我的亲骨肉都埋在这里了，今生我还能离开这里吗？要是忽悠你们离开这里，你们还不把我儿子从坟墓里扒出来暴尸？所以请放心吧，我今生今世都是魏国户口了。

魏国人还真被他这种拿儿子当投名状的诚意给骗了，哪知道这个人本身就是个扒坟挖墓的专业工作者呀，对于挖墓暴尸这类事，别说墓里埋葬的人跟他没半毛钱关系，就算是他亲儿子，他也不会在乎的，他只在乎他自己。

趁着魏国因为这件事对他放松监控的空当，萧正德又从北魏逃回了梁国。太有意思了，叛逃国家还没几个月，就又主动跑回来了，这脸真是打得啪啪啪的。

几年后同样叛逃魏国的萧综也跟萧正德一样，落魄中想再回到梁国。在陈庆之北上占领洛阳的时候，萧综写信给陈庆之，请他向萧衍转告自己的想法。萧衍当然是热烈欢迎，还叫陈庆之给萧综带去他小时候穿过的小棉袄和开裆裤啥的，意思是叫他放心地回来。只是后来由于局势激变，陈庆之北上的军事行动失败，萧综才没有机会越过封锁重重的边境线回到南方。

相比之下，萧正德幸运多了，他不满意时“哧溜”一下成功地跑出去了，再不满意时又“哧溜”一下成功地跑回来了。

对于吃回头草的萧正德，萧衍是个什么态度呢？有没有给警告、记过、关禁闭的处分？当然没有。前面已经说过，只要是自己亲戚，随便犯什么错误什么罪，萧衍都会无条件选择原谅，这也是萧梁皇族成员犯罪率居高不下的最大原因。

萧衍对这个回国的前养子既往不咎：“见于文德殿，至庭叩头。武帝泣而诲之，特复本封。”萧衍在文德殿隆重接见叛逃又逃回的萧正德，看到萧正德对自己磕头认错，萧衍泪流满面地对他进行了一番安抚和教导，最后皆大欢喜，恢复萧正德逃跑之前的封爵待遇，一丁点儿损失都没有。

从魏国回来之后，萧正德再也不想做太子这件窝心的事了，直接想做皇帝的事去了。具体细节，后文再说。

因为立太子事件，怀恨在心的萧正德给梁武帝萧衍制造了无数的麻烦，让萧衍为之伤神了很久。不过，萧正德只是太子风波中的第一波，第二波麻烦发生在太子萧统去世之后。

萧统是一个非常悲情的人物，博学多才，善良温和，对整个世界和百姓苍生都怀有悲天悯人的情怀。如果他不是英年早逝，如果他最后成功登上皇位，南朝梁的历史肯定会是另一番模样，绝不至于像现在我们在史书上所见到的那样黑暗悲催。可惜天不假年，他遗憾地失去了继承皇位的机会。

中国历史上有不少像萧统这样身正品优的悲情太子，他们能顺利继位为君是当时的民心所向，只可惜由于各种人为或疾病因素，这些太子最终与皇位擦肩而过，空余遗恨，使历史的前进方向发生了逆转或者改变。比如秦始皇的太子扶苏、汉武帝的太子刘据、隋文帝的太子杨勇、明太祖的太子朱标等人，都是萧统式的悲情太子。这几个人要是都成功登基称帝，不知道历史会发展成什么模样。尤其是扶苏和杨勇，这两人如果成了皇帝，秦朝和隋朝这两个庞大的帝国，不可能是我们现在看到的那种瞬间土崩瓦解的局面。试想一下，如果没有秦帝国的闪崩，哪来小亭长刘邦的汉朝？如果没有汉朝……这些历史问题如果连贯地想下去，就太奇妙了。

由于太子的特殊地位以及对帝国走向的重大影响，历代对太子的选择都特别严谨，很多太子都是经过各种各样的细节考验才最终被确定的。像宋高宗赵构，他在赵琢和赵眘两人中犹豫不定时，就故意从宫中挑选了二十名绝色处女，分别赏赐给二人，每人十名。半个月后，宋高宗又把那些美女召回来进行妇科检查，发现送给赵眘的十个美女处女膜完好如初，而从赵琢那里接回来的十个人已经全部不是处女。根据这个考察结果，宋高宗断定赵眘将来不会为女色所误，果断将他立为太子。赵眘即后来的宋孝宗，就是给被冤杀的名将岳飞平反的那个皇帝。

还有和萧衍同时代的东魏权臣高欢，他像曹操一样，虽然没有皇帝名分，但实际上却行使着皇帝职权，因为东魏完全在他的家族控制之下，他一死，他的儿子高洋就踢开东魏，创立了自己的北齐王国。

高欢在选择世子，也就是将来的太子人选问题上，跟萧衍的理念不一样。高欢始终坚定地看重长子名分，坚持大儿子高澄的核心地位不动摇，尽管经过几次暗中考核，发现二儿子高洋表现最抢眼，但高欢除了在心里更加欣赏高洋以外，并没有打破长子建储的规矩。

高欢为了观察几个儿子的临场应变能力，分别丢给他们每人一把揉得乱糟糟的丝麻，叫他们将丝麻整理出来，看谁完成得又快又好。当其他几个儿子都在一根一根紧张忙碌地捋丝麻时，高洋却独辟蹊径，抽出锋利的佩刀照着乱麻一顿砍劈。高欢奇怪地问他这样做的原因，他干脆地回答："乱者须斩。"今天特别流行的成语"快刀斩乱麻"就是从这里出来的。

还有一次，高欢故意把几个儿子都支出去游玩，然后各派军队在半路上假装进攻劫杀他们。除了高洋，所有的儿子面对这突如其来的变故，都恐惧得不知所措。给高洋分配的对手是东魏大将彭乐，当彭乐威风凛凛地出现时，高洋没有像其他兄弟那样束手就擒，而是拼命地跟彭乐厮杀，差点儿把彭乐整残了。面对高洋刀刀致命的攻击，彭乐不敢还击，只好向他缴械投降，说自己是奉他父亲之命跟他闹着玩的。即便这样，高洋还是把彭乐绑起来带到父亲那里验证真伪。

后来还是高洋夺走了东魏元家的帝位，因为他的大哥高澄被自己的厨师刺死了。不过高洋是历史上挂得上号的暴君，他应该是一个有心理疾病的精神病患者，暴力、冷血、嗜杀、荒淫，百毒俱全。看来高欢不选他当继承人是对的。

而萧衍在继承人的选择上，态度犹疑，尊卑失序，且后续问题处置失当，埋下了重大隐患。

皇太子萧统死后，萧衍一开始也是按照老路子走的，所谓“立嫡以长不以贤”，封建社会讲究宗法规矩，在皇位继承方面尤其注重严格执行祖宗传下来的规矩，皇太子死了，就由皇太子的嫡长子继承太子之位，无论这个嫡长子有多少个哥哥弟弟、叔叔伯伯，都得靠边站，太子的桂冠只能戴在嫡长子的头上，戴在其他任何人头上，都属于不讲政治、不讲规矩。

嫡长子去世后，萧衍并不打算不讲规矩，而是在第一时间将萧统的长子萧欢从外地召回建康：“上征其长子南徐州刺史华容公欢至建康，欲立以为嗣。” 萧衍把爵位是华容公的南徐州刺史萧欢火速接回都城，用意是很明显的。当爷爷派人来接他回京的时候，萧欢一定知道，自己正在踏上皇帝宝座的路上，而且越走越近。

但计划赶不上变化，煮熟的鸭子真的会飞走。就在萧欢内心雀跃地等着爷爷宣布自己为皇太孙的时候，爷爷却宣布将他的封爵由华容公提升为豫章王，并令他及早离开京城到豫章就任。至此，萧欢帝王梦断。

那么，剔除了嫡长子这一系，萧衍将皇位的橄榄枝送给了谁呢？萧纲。

萧纲是萧衍的三儿子，在兄弟中的排行仅次于萧统和萧综。按照这种思路传位，那个二儿子萧综要是不叛逃到北魏，说不定还有机会成为皇帝呢！萧综很得萧衍的偏爱，排序又在萧纲之上，虽然他干尽了坏事，但萧衍对他的劣性毫不在意。以萧衍说一不二、刚愎自用的秉性，真的有可能把萧综立为太子。果真如此，那历史就真是好看了，不知道当了皇帝的萧综会不会怀着对梁武帝萧衍的刻骨仇恨，带着整个国家投靠北魏？

当然，这只是一段假设文字，不过萧纲当选太子的事可不是假设，估计连他自己都没想到皇太子的帽子会掉到自己头上。萧衍最终选择晋安王萧纲作为太子，也是犹豫徘徊了很久的。萧统是四月初六去世的，萧欢四月中旬就到了建康，萧纲被立为太子是五月二十一日。可见萧衍是反复摇摆了近两个月才最终决定弃欢立纲的。

对于萧衍的这个出乎众人意料的反常决定，《南史》是这样解释的："帝既新有天下，恐不可以少主主大业，又以心衔，故意在晋安王。"这里面说不立萧欢主要有三个方面的原因。一是"新有天下"；二是不愿意国家出现少主；三是"心衔"的缘故。

如果认真分析一下这三个原因，我们就会发现，前两个原因纯粹是扯淡。萧纲成为皇太子的那年是531年，距南梁建国已经30年了。30年在南朝是两代人的时间，一个而立之年的男人在那个年代当上爷爷并不算新鲜的事情。政权都存在30年了，还说是"新有天下"，这跟现在一个40岁的女人仍称呼自己为小女生一样让人不能接受，因为不符合实际。

也是萧衍寿命长，30年这么漫长的时间都只是他一个人当皇帝，前面被他推翻的南齐，20来年换了七个皇帝；后面把他推翻的南陈，30年左右都传了五任皇帝了，所以说这个时间点还说刚刚建国，完全是强词夺理。

第二个原因是说不立萧欢是不想让国家出现小皇帝。这点在当时也是站不住脚的。萧欢当时已经15岁了，刚才已经说过，这年龄在那个时候早就是喜当爹的年纪了。这么大的男人还说小，当然也是说不过去的。15岁左右被立为太子或者登基称帝的，在历史上数不胜数，光同时代的南朝就一抓一大把。

宋武帝刘裕的长子刘义符14岁被立为太子，17岁登基；刘昱10岁即位；萧宝卷当皇帝的时候也就十五六岁。所以，说15岁年纪太小不宜当皇帝，也是没理由找理由。况且，萧欢并不是马上当皇帝，只是当太子，萧衍那时候才67岁，离死还早着呢，他自己可没想着马上就死。这个事实也能从侧面证明萧衍是拿孙子萧欢的年龄当鸡蛋了，愣是在里面找出了骨头。

最关键的，也是唯一的原因是最后一条，关键词是“心衔”。也就是说，萧衍心里讨厌是最主要的原因。萧衍到底讨厌谁呢？他讨厌的并不是萧欢，而是萧欢的父亲萧统。因为几年前的“蜡鹅事件”，萧衍对萧统产生了长久的挥之不去的厌恶情绪。对这件事，萧衍心里总是有一个疙瘩，这个疙瘩在萧欢即将成为太子的时候，突然被记仇的萧衍无限放大，变成了阻挡萧统的儿子进位大宝的拦路石。别人是爱屋及乌，到萧统这里却是罪及后代。

“蜡鹅事件”在上本书里有过完整的交代，萧统根本不是针对父亲的，那只是一种自我救赎的手段，而且是遭人诬告，萧衍却紧抓着这件事情不放。

萧衍这个人真是太奇怪了，他的很多行为奇怪到让人难以理解。他对别人的儿子无限宽容大度，单对自己的儿子苛刻刻薄。像七个月出生，坚持自己是萧宝卷后代的萧综以及萧宏的儿子萧正德，两人坏事做绝，十恶不赦，砍头十次也不算冤枉，但萧衍却始终对他们和颜悦色，优待有加。独独对亲儿子萧统一次无心的失误竟怨恨到这个地步。

对于萧衍这次非正常的立太子事件，宋元之际的史学大家胡三省也颇感愤怒，他在评点《资治通鉴》时曾大发感慨，对萧衍的昏聩予以谴责：“呜呼，帝于豫章王综、临贺王正德，虽犯恶逆，犹容忍之，至于昭明被谗，则终身衔其事，盖天夺其魄也。”胡三省对这件事愤慨到近乎骂娘了，说萧衍之所以这么头脑发昏地记恨萧统，是上天夺走了萧衍的魂魄。就是说这个人已经没有用于思考的脑子了，行尸走肉而已。

不光700年后的胡三省不赞同萧衍的这种做法，即便是当时的当朝大臣也一边倒地反对萧衍这种无缘无故废嫡立庶的做法：“朝野多以为不顺。”朝廷和民间都一致认为皇帝的这种做法违反了宗法制度，因为皇太子没有犯罪，而且品行高洁，他去世了，他的儿子接任储君之位是顺理成章的事。

对于皇帝无故抛弃太子后嗣的情况，连萧纲以前的老部下，司议侍郎周弘正都看不下去了。周弘正曾担任过萧纲的主任秘书，萧纲若是当上皇帝，对他个人的政治前途是大有好处的，但周弘正没有从私心出发，他不但向萧衍表达了自己的反对意见，而且还单独给老领导萧纲写了一封建议信，希望他能从国家大局出发，发扬谦让美德，不要接受皇帝授予的皇太子身份，以促使皇帝把皇位重新投送到嫡长子这一系。但被萧纲拒绝了。

不怪萧纲拒绝，换作是我，我也会拒绝。那种时代背景下，少有人能拒绝皇位的召唤。况且，是最高领导萧衍主动把皇储的位子送给他的，又不是他通过买官卖官得来的。真要怪的话，只能怪萧衍，是他违反常规，开了一个坏头，亲手打开了再也关不上的潘多拉魔盒，最后自食其果，被魔盒吞噬。

这种毫无理由、毫无章法的废嫡立庶行为，引起的恶果是显而易见的。见不是嫡长子家族的萧纲成为太子，萧统的其他弟弟心里肯定充满了怨恨和不平衡。他们会想，既然能立萧纲，为什么不能立我？都不是嫡长子一系，他行我也行呀。你立他，偏心眼，我不服！如果换成是萧欢，他们就没有不服的理由和借口，人家嫡长子、嫡长孙天生就是皇帝命，不服不行。

萧纲的那些个弟弟，像萧纶、萧绎、萧纪等人，都被萧衍安排到了长江中上游地区的重要城市，控制着荆州、郢州、益州这一大片地区，今天的湖北、四川、重庆大部分地区都是他们的地盘。这些人手握重兵，都不大情愿为糊涂老朽的皇帝和资历不深的皇太子出力建功。侯景之乱爆发时，这些军事大佬根本无视建康告急的情况，对朝廷发出的紧急救援令阳奉阴违，隔岸观火，个个最在意的不是父皇的生命，不是社稷的危亡，而是自己的队伍和实力会不会有损失，能得到什么利益。最后不仅没能拯救父亲，还互相攻击，骨肉相煎，外焦里也焦。

当然，最不满意、最不服气的还是萧统一族的亲人，他们失去了本该属于他们的，拥有无上诱惑力的最高权柄，这种与天文数字的奖金失之交臂的痛惜是大家都能理解的。为了安慰补偿没有得到太子之位的嫡长子一族，也为了缓和群情沸腾的舆论压力，萧衍对萧统的所有子女实施了无差别大封赏："上以人言不息，故封欢兄弟以大郡，用慰其心。"

朝廷上上下下都反对庶子萧纲当皇太子，为萧欢兄弟鸣不平，于是萧衍抛出一大批郡王爵位，意思是叫大家别吵吵了，我给他们补偿还不行吗？萧欢的兄弟全部封王，姐妹被封为公主，而且封给他们的都是上好的大郡。华容公萧欢封豫章王，二弟枝江公萧誉封河东王，三弟曲江公萧察封岳阳王，四弟萧譬封武昌王，五弟萧譥封义阳王。

就这个封赏而言，绝对是高规格的破例封赏了。因为按照正常情况，只有皇帝本人的子女才有资格被封为郡王和公主，皇帝子女的子女亲疏度已经隔了一层，是没有机会封王的，一般都是封为公爵。萧欢兄弟五人作为皇孙，一下子全部跳升为王爵，假如不是破例，他们一生都不可能有这样的机会的。如果不是萧衍因为无端废嫡心里有愧，也不会对萧欢兄弟出手这么大方的。他认为，这么超常规地补偿前太子子女，他们一定不会再有愤怒、憋屈的情绪了。

这当然是他的一厢情愿。萧欢兄弟几个心里恨死这个爷爷了，萧察气得好多天不吃不喝，以示抗议。因为如果萧欢能登基即位的话，作为皇帝的兄弟，跟皇帝子女一样，也是会被例行封为郡王的。所以，这兄弟几个即使获得了王爵，也并不会对皇帝爷爷感恩戴德，他们觉得，这王爵本来就该是他们的，如果不是爷爷不讲规则临阵换人，他们不光能获得王爵，还能获得更多更多他们想要甚至不想要的东西。

所以，从处理问题的角度看，萧衍的这种所谓补偿是错上加错。因为如果从大方面考虑，一旦决定新太子人选，就应该着重树立新太子的权威，特别是跟新太子有直接利益冲突的一方，更不应该给他们很高的政治和经济地位，而是应该尽量对其采取打压抑制措施，防止新太子的反对派势力坐大后，利用强大实力跟新太子抗衡叫板，那样的话，局面不就一团糟了？

而萧衍却缺乏这种政治上的敏感度和长远目光，对前太子的儿子和兄弟们全部采取奖赏安抚方式，使得这些现太子之外的势力不断膨胀，最终引发了军事上山头林立、派系丛生的乱象，导致萧纲当了好多年太子还没有安全感，对雄踞外藩的几个兄弟子侄特别忌惮，不断增加东宫护卫军马，以确保自己的安全。

为什么汉朝、唐朝和明朝这三个超级大王朝都曾兴起过削藩运动，而且多方为此打得稀里哗啦？就是因为干弱枝强，外藩势力强大到能和朝廷互相拉锯的时候，就不会再老老实实地听话了，就会对朝廷的安全形成威胁。萧衍晚年时，太子萧纲的反对势力几乎个个羽翼丰满，所以，侯景攻打皇宫的时候，这些个对立储抱有怨恨的各方力量，全都故意磨磨蹭蹭，在战场外逗留徘徊看大戏，期待着坐收渔翁之利。

其中，被破例封王的萧察是整个梁朝，甚至可以说整个南朝笑到最后的人，他建立了一个叫作“后梁”的政权，虽然国土面积狭小到只有一个州郡，但却存在了很长时间，到南朝陈国灭亡的时候，它依然存在，而且政权还传到了儿子萧岿、孙子萧琮手上。到隋文帝杨坚统一天下好几年了，萧琮才被终止了国君资格。

中国历史上超级知名的隋炀帝杨广的美女皇后——萧皇后就是萧琮的姐妹。唐太宗李世民时期，六次担任宰相又六次被罢免的萧瑀也是萧皇后的弟弟，他们都是那个因为哥哥没当成太子而气得多日不吃饭的萧察的后人。

萧察还沾了萧瑀这个宰相孙子的光而在史籍上熠熠生辉呢。唐朝的令狐德芬在其主编的《周书》中，褒奖萧察“任术好谋，知贤养士，盖有英雄之志，霸王之略焉”，这百分百是友情赠送的吹牛的话，萧察当时只拥有江陵那一小块儿地方，还是在西魏军保护下的傀儡，这样的人怎么可能是“英雄和霸王”？这里面主要的原因就在于萧瑀是当时的宰相，令狐德芬看萧瑀的面子才把萧察写得这么高大上。由此看来，有时候，封建历史评论也是讲关系、看面子的。这方面几千年来一个样，并没有什么本质上的改变。

第二章　矮穷矬瘸的侯景

在中国，说起“三国时期”，大家的第一反应肯定都是3世纪的魏、蜀、吴政权，都记得曹操、刘备、孙权三大巨头。其实在古代中国的疆域范围内，并不是只存在过大家最熟知的孙刘联盟斗地主打曹操那一个三国，而还有着一个多数人不太熟悉或者不太在意的三国时期，那就是南北朝末期几个互相对峙的国家。如果把魏蜀吴叫作“前三国”的话，那南北朝时期并存的几个国家则可以称为“后三国”。

“后三国”时期的政权情况比较复杂，按照国家更新的情况，可以分为上、下两个半场。上半场的三个国家是南梁、西魏和东魏，下半场，南梁继续存在，而两个魏国则分别被北周、北齐取代。本章所说的历史事件属于上半场，也就是发生在南梁、西魏、东魏三个国家间的故事。

东魏、西魏是由早先庞大的北魏分裂而成的，而摧毁北魏政府执政根基的是六镇大起义。自从六镇起义之后，北魏民众顺从朝廷的心理因受到猛烈刺激而变得松动，于是纷纷效仿，各国各地到处都是揭竿而起的农民军，星火蔓延，多到数都数不清。

所谓“六镇”，是指北魏为防御柔然等民族入侵设置的六个军事重镇，分别是沃野、怀朔、武川、抚冥、柔玄、怀荒六个地方，置换成现在的地理位置，即西起内蒙古五原县，再经过包头、武川，往东到达河北省张北县一带。在这条东西相距千里的边境防线上，沿着长城逶迤的走势驻扎着数十万北魏最精锐的士兵，目的是护卫北魏的首都平城。平城就是今天的山西省大同市。大同距长城只有几十里地，非常容易遭受外来势力侵袭，如果没有六镇精兵的防守，北魏都城分分钟就会被北魏的世仇柔然的铁蹄踏平。

后来，北魏孝文帝元宏为了永久脱离外部骚扰，由大同向南边的中原腹地深入1000多里，将都城迁到了洛阳，并对国家实行全面的汉化改革。迁都以后，六镇就成了真正被边缘化的边缘地带。以前国家都城靠六镇将士保护，六镇的军人地位很高，待遇也很好。但都城南迁后，距离六镇千里迢迢，六镇的军事地位急剧下降。同时，由于隔着千山万水，日日笙歌的朝廷统治者们很少能想起来在长城边帮他们戍边御敌的六镇军人，于是开始出现粮草不济、物资匮乏、军饷拖欠的情况。

军人们长期在苦寒的大西北大口大口喝着西北风，风沙吹老了岁月，却吹不走六镇军士的愤怒。终于，长久郁积的怒火爆发了。梁朝普通四年（523年），饥寒交迫的底层六镇士兵发生哗变，他们杀死了长期欺压他们的镇将，举旗造反。这又是一个潘多拉魔盒，盒子一打开，里面就跑出一大群具有各种气质与才华的混世魔王：破六韩拔陵、杜洛周、鲜于修礼、葛荣……这些六镇出身的造反派头领各领风骚一阵子，声势浩大，有的还登基称帝了。像葛荣，发展到拥有几十万军队，甚至击败了北魏朝廷派来剿灭他们的主力部队，但最终，他们都归于毁灭，被后来者尔朱荣、宇文泰、高欢、侯景等一帮能征善战者击败。

特别是尔朱荣，此人因为制造了惨绝人寰的“河阴之变”，在历史上留下了千载骂名，但这个人确实特别能打仗，拥有卓越的军事指挥才能。我们都知道，东魏、西魏虽然是元姓皇帝，但实际上是分别被高欢和宇文泰完全控制的，他们两人才是真正的皇帝。

高欢和宇文泰是当时的南北双雄，两人都是中国历史上数得着的乱世枭雄，一个在黄河这边，一个在黄河那边，动不动就互相厮杀，一生都在彼此的刀光剑影中做着吞并对方的统一梦。这两人是南北朝时期公认的超级牛人，但比他们二人更牛的是尔朱荣，因为高欢和宇文泰都是尔朱荣的手下，高欢因为精明能干，还成了尔朱荣的警卫队长，贴身负责尔朱荣的安全保卫工作。

后来，尔朱荣大意失荆州，被北魏孝庄帝元子攸用计骗进皇宫。当他得知自己中计时，敏捷地扑向正坐在皇帝御座上的元子攸，想抓住他当作人质、筹码，没想到元子攸手里捏着一把刀，当他用尽全身力气扑过去的时候，元子攸刀锋一抬，轻而易举就将他开膛破肚了。所以，尔朱荣之死创造了中国历史上的一个奇迹——他是史上唯一一个被皇帝亲手杀死的大权臣。

从来都是权臣以各种方法和手段弄死皇帝，像刘裕、萧道成、萧鸾、萧衍这些个权臣，哪一个手上不是沾满皇帝的鲜血？包括宇文泰。北魏孝武帝元修同他的死对头高欢彻底决裂，专程从洛阳跑到长安投靠他，造就了两魏并列的局面，并送给他挟君立威的大好机会，结果宇文泰连这个神助攻都杀了。

尔朱荣真是太有说头了，居然被自己完全控制的玩偶给弄死了，既悲催，又奇葩。

尔朱荣的死给了高欢发家的机会，尔朱荣的那帮不成器的子侄被高欢玩得团团转，最后，高欢成功地脱离了尔朱氏的控制，拉起了一支以六镇老兵为班底的强大队伍，开始了自己的冒险创业生涯，最终奇迹出现，他完成了从一个快递小哥到东魏国家CEO的人生逆袭。

中国历史上出现过两个最牛的快递员，一个是高欢，另一个是大家很熟悉的闯王李自成。李自成因为家里穷，便外出打工，费尽千辛万苦才找到了一份驿卒的差事，相当于今天的快递员，负责今天的宁夏银川与陕西延安两地之间的公文传递。后来明政府付不起驿卒的工资，搞快递员下岗，把李自成给裁撤了。再后来的结果大家都知道了，到处找饭吃的李自成没辙，加入了造反队伍，把皇帝搞下岗了。

不过李自成真实的历史形象并不像姚雪垠的长篇小说《李自成》里写的那样高大完美，姚雪垠把李自成和张献忠描绘成了亲密无间、爱民爱兵的革命战友，但那完全是虚构的，不符合真实历史。事实上这两人并不是什么农民起义领袖，而是杀人如麻、视百姓生命如草芥的刽子手，他们对所统治的地区曾进行过多次“三光”式的大屠杀。

本章所说的侯景也是这样杀人如麻的残忍刽子手。侯景跟高欢就是在高欢当快递员的时候相识并成为朋友的。高欢本来也是家里穷得连老鼠都不愿光顾的底层人，为了糊口，在六镇之一的怀朔镇报名参军，天天在城墙上像电线杆一样笔挺地站着当值班哨兵，但他运气好，被富家女娄昭君一眼相中。

某天娄昭君去城楼上游玩，看到了正在站岗放哨的高欢。真像歌词里唱的那样，“只因为在人群中多看了你一眼，再也忘不掉你的容颜”。娄昭君跟高欢第一次见面就确定地说：“此真吾夫也。”表示非高欢不嫁了。娄家是高干家庭，这种孔雀女和凤凰男的婚恋模式在讲究门当户对的古代是很难有市场的，娄家父母当然反对女儿找一个大头兵当老公，但拗不过娄昭君，只得答应了两人的婚事。

婚后，高欢不仅立即提干，而且因为老婆陪嫁带过来的马，换了一份能见大世面的好差事。部队首长说，既然你有马，那就当函使吧！函使，就是信函使者，快递员的古代说法。就这样，高欢专门负责怀朔到洛阳的公文传递，从包头到洛阳这条线，高欢跑了六年，当了整整六年的快递小哥。

正是这六年的快递生涯，让高欢认识了外面的世界，开阔了自己的眼界，改变了自己的思维。他看到都城洛阳危机四伏，朝廷软弱无能，生出了将来逐鹿天下的理想与雄心。从这时起，他便有意轻财好施，广交朋友，为以后打好人脉基础。后来在他举兵的过程中为他出力很多的司马子如、刘贵、孙腾、侯景等人，都是在高欢当快递小哥的日子里跟他成为好朋友的。

其他人一笔掠过，单说侯景其人。侯景在中国历史上可谓臭名昭著，是一个十恶不赦的罪人。评价历史人物时，我向来不以是否忠于朝廷和皇帝为标准，因为如果朝廷荒诞，皇帝残暴的话，反抗腐烂的制度和昏庸的皇帝，是除旧布新、重塑秩序的进步行为。臧否人物，看他的所作所为是否有利于社会发展和进步就可以了，其他的都是小节问题。

而侯景这个人，除了高欢，从来没有忠于任何一个人。如果仅是这点，也谈不上臭名远扬。他的臭，在于他的嗜杀无度，残害无辜百姓。他一个人，几乎毁掉了整个富庶繁华的江南。

基于对社会的重大破坏指数，中国历史上可罗列出“四大恶人”：东汉的董卓、西晋的贾南风、南北朝的侯景、唐朝的安禄山。这四大恶人是引发国家大动乱的罪魁祸首。董卓挑起了东汉末年的各地军阀大厮杀；贾南风玩弄手腕，又没能力控制局面，引发“八王之乱”，使北中国笼罩在一片血雨腥风之中；安禄山胡骑南下，大唐的百年昌盛顷刻间灰飞烟灭，此后八年烽烟，唐朝千疮百孔，无限繁华风吹雨打去。侯景跟这三个人一样，他留下了一个以他姓名命名的“侯景之乱”词条，杀得江南地区千里白骨，渺无人烟。这四大恶人制造了中国历史上惨无人道的几个大杀戮、大分裂、大黑暗时期，他们造成的民众死伤人数加起来有几千万之多。

如此丑恶的侯景，到底是怎样的一个人呢？

其实本章标题已经告诉大家了，侯景的四大特征就是矮、穷、矬、瘸。“矮穷矬”是今天相对于“高富帅”的一个带有自嘲调侃意味的网络词汇，专指男性身材矮小、家庭贫穷、长相磕碜。

说侯景是矮、穷、矬真的不是调侃，这个词搁在他身上名副其实。他的身高不到一米六，这么矮吧，体形还不匀称，“长上短下”，上身长，下身短，完全是倒着长，人家是大长腿，他倒好，大长肚，标准的袋鼠身材。

这侯景真不知道是怎么长的，简直是集缺点于一身：“广颡高颧，色赤少鬓，低视屡顾。”额头特宽，不仔细看还以为是秃顶，颧骨突出，脸色暗红无光，下巴上光净净的，没有代表男人特征的胡须，眼睛就更难看了，白眼珠子低垂，瞅人的时候滴溜溜左右乱转，即使是友好地看人，也让人感觉他是在打别人的坏主意。反正外表整体上看上去，可以说是惨不忍睹，一般人毁容了都没他那么难看。

退一步说，长相难看，外表丑陋也没关系，毕竟还有“心灵美”一说。可侯景这人属于那种没心肠、狼心狗肺一类；再退一步说，要是长得不美，心灵也不美，从生活便利的角度出发，起码得四肢健全，不影响日常生活。可侯景却右腿比左腿短了一截，走起路来一瘸一瘸的，他若是活在当下，兴许能评定个三级残疾，妥妥地按月拿残疾人补贴。

这么矮这么丑还瘸的男人，倘生在非富即贵之家，那也不愁没有个好出路，毕竟在任何时代，权力和资本都是通吃的。可悲催的是，侯景跟高欢一样，也是怀朔镇的特困户。

人家高欢虽然没钱，但他有长相：“目有精光，长头高颧，齿白如玉，少有人杰表。”同样是眼睛，高欢的眼睛炯炯有神；同样是高颧骨，配上高欢的长脑袋跟配上侯景的秃脑门儿，观感大相径庭。再加上他那白得能接拍牙膏广告的牙齿和浑身洋溢的领袖气质，怪不得在上班站岗的时候就靠颜值轻松俘获白富美，赚到了人生的第一桶金。侯景也是在怀朔镇当兵，愿意跟他交朋友的男人都没有，更别说有女人看上了。

前面说了侯景的许多缺点，不过他虽然缺点一大串，但也并不是一无是处，他也有着别人不具备的优点：作战勇敢、智谋出众。

侯景个头矮，腿又瘸，弯弓骑马、驰骋疆场并非他的强项，但他不怕死，敢冲敢杀，如果用褒义词形容就是英勇无畏，这在战场上是最让敌人胆寒的。但侯景最让人惊异的还是他的智慧和计谋。上帝几乎为他关上了所有的改变命运之门，却为他留下了一扇智慧的天窗，所以，侯景虽然不能靠脸吃饭，但却成了靠脑子吃饭的人。

侯景的脑子灵光，领悟力很强。最早时他跟尔朱荣手下的名将慕容绍宗学习兵法。慕容绍宗是前燕皇族后代，祖上是十六国时期第一名将慕容恪。慕容家族人才辈出，兵法是慕容家的祖传手艺，慕容绍宗用兵也很厉害，侯景拜他为师，学到了不少本事，但学着学着，情况就发生了变化："未几绍宗每询问焉。"还没学多长时间，慕容绍宗这个老师遇到兵法上的问题，倒来向学生侯景征求意见和看法了。小侯，你觉得这一仗该怎么打？小侯，你对我这次的排兵布阵怎么看？

《南史·贼臣传》里记载的慕容绍宗与侯景的这个桥段，被很多人解释为侯景的用兵之道超过了慕容绍宗，所以慕容老师才不得不向自己的学生请教。其实并非如此。侯景虽然智谋出众，但水平依然在慕容绍宗之下，这点从侯景心里对慕容绍宗的尊崇度以及他最终被慕容绍宗杀得穷途末路的结果可以得到印证。不过慕容绍宗向侯景询问兵法，既说明了慕容绍宗有不耻下问的胸怀，也说明了侯景真的具有让军事家慕容绍宗认可的不容忽略的水平和实力。

在军事才能方面，侯景确实是个藏在麻袋里的锥子，怎么放置都会很快冒出头来。六镇大起义还没发生时，他已经是一个小军官了。当六镇模式崩溃后，侯景成了尔朱荣手下的得力干将。在和最大的对手，兵力十倍于己的葛荣进行生死决战时，尔朱荣尤其重视侯景，派他做前锋，率先冲击葛荣的队伍，最后两人前后夹攻，生擒葛荣，一举抹平了当时规模最大的反政府队伍。

因为这一战的突出表现，侯景升任定州刺史，跨入北魏省部级干部行列，但很快尔朱氏就被高欢所灭，高欢站在尔朱荣的肩膀上爬上了东魏的权力顶端。作为多年的老战友，侯景见高欢得势，便带着队伍投到他的帐下。高欢知道侯景是个骁勇将才，更是器重他，视他如左膀右臂。

这两人都是打仗好手，不过侯景为人机警狡黠，所以，高欢对侯景虽然器重，但一直都带着点儿警惕提防的意味，对侯景是又拉又放，终其一生都恰到好处地把侯景控制在手心。

大同三年（537年），东、西两魏之间爆发了一场影响当时历史格局的激烈大战——沙苑之战。高欢率领二十万大军渡过黄河，在今天的山西省大荔县跟宇文泰进行决战，试图一举消灭西魏军主力，实现两魏统一。其时高欢的军事实力对宇文泰具有碾压性优势，宇文泰全部家当都不到一万人，如果这不到一万的军队被高欢打散，西魏也就没有存在的机会了。但现实却是宇文泰以少胜多，完胜高欢，一战歼灭了高欢的八万军队，高欢狼狈逃回洛阳。正是这让高欢元气大伤的一战，奠定了东魏、西魏割据的局面。

沙苑之战说起来挺有意思，可谓胜也侯景，败也侯景。战争还没开始的时候，侯景就建议高欢把二十万军队分成前后两军。他考虑得很周全，说这么大规模的战斗，万一失利，局面将难以收拾，不如把军队分成前后两拨，如果前军胜利，后军乘胜跟进，巩固成果；假如前军作战失败，后军可以作为增援力量，稳定局势。

如果真按侯景这么排兵布阵，宇文泰这次很难逃脱覆灭的命运。但高欢不以为然，根本看不起宇文泰那些因为缺少军粮而面黄肌瘦的军队，说宇文泰那么点儿人马还不够他塞牙缝的，没必要那么讲究，直接一窝蜂上去群殴就行。

宇文泰也确实不敢跟高欢正面对撞强拼，他把不到一万人分批藏在芦苇荡里，想趁东魏军到来时来一场出其不意的袭击。这么小儿科的躲猫猫怎么可能瞒得住高欢手下那帮贼精的大将？侯景、彭乐、高欢都知道西魏军猫在芦苇荡里。

高欢看着一望无际的芦苇荡对手下将领说：“纵火焚之，何如？”高欢说，只要放一把火，就能把他们全部火葬了。真要是这样，宇文泰也就到此为止了。这一会儿工夫，宇文泰本来已经死两次了。但这次，侯景救了宇文泰和他的西魏政权。

刚才是高欢不同意侯景的建议，这次是侯景不同意高欢的提议，阴差阳错间，历史悄然发生了改变。侯景反对说：“当生擒黑獭以示百姓，若众中烧死，谁复信之！” 黑獭是宇文泰的字，侯景这么称呼他是非常轻蔑的意思。侯景担心，如果采用火攻，到时候把宇文泰和他的部下一起烧成一堆黑炭，根本分不清哪个是哪个，谁会相信宇文泰死了？所以他不赞同放火，坚持开战，凭借强大的战斗力把宇文泰生擒活捉，然后押到大街上游行示众，广而告之，让老百姓都看见这家伙真的被抓住了。

高欢一想，也有道理，他跟宇文泰是一对生死冤家，也想把他抓住，当面羞辱羞辱他，于是便同意了侯景的建议，那就直接干吧！没想到最后自己被宇文泰干了。

逃回洛阳以后，不知道是出于将功补过的心理还是别有所图，侯景又想去攻打宇文泰，他对高欢说："黑獭新胜而骄，必不为备，愿得精骑二万，径往取之。"侯景认为宇文泰这次取得了意想不到的大胜，这会儿一定是心骄气傲地在庆功，不会戒备设防，请求高欢给他两万精锐骑兵，他率军直接去袭击宇文泰的大营，把宇文泰生擒活捉。

侯景这番话说得高欢都有怦然心动的感觉了，他回去把侯景的想法跟老婆娄昭君说了，娄昭君果断制止了他："设如其言，景岂有还理！得黑獭而失景，何利之有！"娄昭君真是高欢的贤内助，不但为高欢生了八个孩子，还在事业上多次给予高欢有力的帮助，而且她的眼光确实独到，极具政治敏锐性，在这件事上，她就劝丈夫不要给自己找更大的麻烦。

娄昭君看到了侯景的政治野心，她认为如果侯景此行真的擒获了宇文泰，他绝对不会再回到黄河以南听丈夫的指挥了，而是会以两万精兵为班底，挟胜利余威，取代宇文泰在关中地区的位置。所以她劝高欢不要干这种傻事，一旦这件事情成真，关中少了一个宇文泰，但却多了一个侯景，对高欢而言，这并没有什么值得庆贺的好处。

在娄昭君看来，侯景比宇文泰更狡诈，更难对付。两害相权取其轻，如果一定要在宇文泰和侯景之间选择一个作为对手或敌人，娄昭君宁愿选择宇文泰，可见侯景在领导夫人眼中的品行很差很差。

从后来侯景祸害江南的手法来看，娄昭君是非常有先见之明的，可以说她是个鉴渣达人，一眼就看出侯景隐藏在骨子里的渣。

不过这些都只是娄昭君的推想，因为高欢接受了她的建议，没有答应侯景的请求，所以，她推想的事情并没有机会发生。不过笔者认为，即便是侯景真的如料想的那样横扫宇文泰，他就地割据关中的事情发生的概率也是很小很小的，因为他在心理上慑服于高欢。

侯景跟高欢相识于寒微之时，对高欢的本领和驭人能力知根知底，他知道自己不是高欢的对手。这种心理上的服气使得他乐于接受高欢的领导，所以只要高欢在，侯景是不会，也不敢做出反高欢的举动的。

侯景曾亲口对司马子如这样说过："高王在，吾不敢有异。王没，吾不能与鲜卑小儿共事。"因为不服气、瞧不起高欢的世子高澄，侯景公开对老朋友表示，高欢在世一天，他一天不敢生出任何异心。一旦高欢去世，他笃定不会再接受鲜卑小儿高澄的领导。那时候高欢还身体健康着呢，吓得司马子如忙不迭捂住侯景的嘴巴，生怕别人听见。

事实也正如侯景所言，高欢在世时，他忠心耿耿，没给高欢找任何麻烦，高欢一死，他说反就反。所以沙苑之战那时候，侯景反高欢的概率是可以忽略的。紧随其后的事实也可以证明这点。

侯景想到外面去打天下，便再次对高欢请求说："请兵三万，横行天下，要须济江缚取萧衍老公，以作太平寺主。"侯景狂妄地跟高欢拍着胸脯保证，说只要给他三万人马，他就能横行天下，渡过长江，把江南那个视佛如命的老家伙萧衍捆绑起来，送到邺城太平寺当主持。邺城即今天的河北省临漳县，邯郸市下属的一个县城，当时是东魏的首都。

有人觉得奇怪吗？东魏的首都不是洛阳吗？怎么变成邺城了？以前的确是洛阳，但自孝武帝元修被宇文泰忽悠跑到长安后，高欢觉得洛阳太不安全了，离宇文泰和南梁的控制地区太近，战略缓冲地过于狭小，害怕夹在南北两方受气，便把都城迁到了邺城，远离了极易发生战争的南北烽烟线。

其实现在默默无闻的临漳是一个标准古都，在中古时期是一座很繁华的大城市，曹魏、后赵以及后来取代东魏的北齐都曾将这里作为都城。遗憾的是，北周时期，国丈杨坚夺取了北周政权后，驻军邺城的北周大将尉迟迥起兵反对杨坚，杨坚击败尉迟迥后，为了泄愤，也为了防止其他军队将这个地方作为反对自己的大本营，撤离时下令全城放火，一把火将邺城烧了个干干净净。邺城作为一代名都，三百年的辉煌就此灰飞烟灭，消匿于史册。此后邺城再也没有成为过任何一个朝代的政治中心。唉，要不是杨坚放的那把火，邺城现在也能像其他几个古都那样，发展旅游事业呢。

侯景说他三万人马横行夺天下、过江抓萧衍这些话，都是故意往大里吹牛的，目的只是希望高欢能把他放出去，让他专制一方，独当一面。他自己也没想到，当时这些吹牛的话，后来居然真的应验了。他真的轻而易举渡过长江，抓住了老家伙萧衍，只是那时候他已背叛了东魏，不然，把萧衍捆起来送到太平寺也是件轻而易举的事。

虽然是说大话，但高欢听着挺带劲，而且侯景确实是一个智勇双全的猛将，应该把他用在关键地方。当时黄河以南地区防务不甚得力，高欢便任命侯景为河南大行台，配给他十万军队，让他驻守洛阳，全权负责黄河一带的守卫，北边防着宇文泰，南面盯着萧衍。

于是，侯景开始深耕河南之地，在这里苦心经营多年，把他治下的河南十三州之地打造成了一道坚固的军事防线。高欢对他的表现特别满意："仗任若己之半体。"高欢对侯景的信任程度没得说，把侯景看成了自己的另一半，好像统辖河南之地的不是侯景，而是高欢自己的分身。

在高欢的有生之年，侯景都对他尊敬有加，唯命是从。但高欢并没有萧衍那样长寿，大同十二年（546年），52岁的高欢病倒了，而且病情越来越重，死亡的结果已难以避免。按照宗法规矩，一旦高欢死亡，他的长子高澄将会接替高欢的一切权力与地位。

对于继承父亲的一切，高澄早已做好了妥善的准备，唯独让他头痛心忧的就是控制河南一大片区域的侯景。高澄知道侯景瞧不起他，且位高权重人狠，他担心父亲死后，侯景会起兵反对他，所以，他趁父亲还没咽气，以父亲的口吻给侯景写了封信，说有重要的事情必须跟他当面商量，请他马上到邺城来一趟。

如果侯景按照书信要求果真回到邺城，那这次一定是他的死亡之旅，高澄无论如何也不会让他再活着走出邺城的。只是高澄不知道，他想玩死侯景，还嫩了点儿。

侯景接到书信后扫了一眼，就把信甩到一边，说这封信不是高欢所写，而是高澄诓骗自己的。这倒不是侯景神算，而是因为他当年离开邺城到河南赴任的时候就跟高欢约好了："今握兵在远，人易为诈，所赐书皆请加微点。"侯景临行前请求高欢，以后凡是写给自己的信，请都在信上加上一个小点作为暗号，这样他远离都城，也就不担心有心怀叵测者对他使诈了。

这么多年来，高欢每次给侯景写信，都如约在信上标上一个小点。这个看上去好似笔尖无意顿落留下的小黑点是只有他俩知道的密码，即便是外人看到书信，也不会想到那个小黑点是一个重要且特殊的防伪标记。

侯景接到高澄的高仿信件之后，没找到那个熟悉的小黑点，他就知道这是高澄在搞鬼。不过他没有点破，而是正常回信说，自己先把这边事情处理一下，等处理好了就回邺城复命。这当然是糊弄高澄的场面话，他怎么可能乖乖地回去送死呢？

高澄写给侯景的这封信毫无疑问是自作主张，没有跟他的父亲沟通过，如果高欢知道这件事，肯定会制止他这么做。他这一招真是太昏了，直接把自己跟力量强大的封疆大吏侯景的矛盾公开化了。以前两人虽说彼此看不顺眼，但都是在台面之下的行为，见了面还是客客气气的，你好我好；他这封信一写，好了，彻底把侯景惊动了。侯景气恨交加地跟他的谋士王伟说，这小兔崽子还没接班掌权就想弄死我，我以后还能跟着他混吗？后来他得知高欢病重，便产生了拥兵自重的想法。

高欢是个明白人，他知道侯景在他死后会有小动作，他也知道，侯景目前是不会马上跟朝廷翻脸决裂的，但他不知道，他的儿子已经背着他做了一件刺激侯景的蠢事。

对于侯景的事情，高欢早有安排。他在病重期间，曾就侯景问题给高澄做了专项布置安排。有一天他问高澄："我虽病，汝面更有余忧，何也？"高欢问儿子说，我虽然生病了，但我看你脸上所表露出来的忧愁，远远超出该有的对我病情的担心程度，这是为什么？

高欢当时的年龄在今天看来是英年早逝，但在寿命普遍很低的南北朝时期，死亡是属于正常的了，所以作为儿子，应该平静地接受现实，等待死亡的降临，太过忧伤不是做作就是伪装。所以高欢知道高澄脸上浓重的忧伤并不完全是为了他，而是为了侯景。还没等高澄回答自己的问话，他就又接着问道："岂非忧侯景叛邪？"高澄回答说，正是担心侯景将来会起兵叛乱。高欢让儿子宽心勿忧，说自己早就给他准备好了对付侯景的锦囊妙计。

可怜天下父母心，尽管高欢的几个儿子都是历史上有名的暴虐变态狂，但作为父亲，自己的孩子自己疼，高欢还是在临死之前把各项事关国家未来发展存续的大小事情都安排得井井有条，包括自己死后先秘不发丧都交代了。至于朝廷哪个大臣值得信任，哪个将军不太可靠，谁谁谁不能信任，谁谁谁没有异心，一条一条都告诉了高澄，要他牢记于心。

在谈到侯景的时候，高欢说，侯景控制黄河南部已经很久了，一直有远走高飞的野心，只有我才可以管束他，你是无法驾驭、指挥他的。不过对于儿子对付不了的侯景，高欢早就为他找好了克星："堪敌侯景者，唯有慕容绍宗，我故不贵之，留以遗汝。"为了儿子的前程，高欢多年来一直在下一盘大棋，对于自己手下的奇才战将慕容绍宗，高欢装作无所谓，故意不重用他，这样做的目的只有一个，就是等自己死后，让儿子高澄提拔他，重用他，使他发达，使他高贵，这样他就会觉得高澄对自己有知遇之恩，就会忠贞不贰地为高澄服务。

高欢早就看出来了，东魏所有将领中，能够在战场上击败侯景的，只有慕容绍宗一个人，所以他当政期间，一直有意地将慕容绍宗不深不浅地雪藏着，不让他埋没，也不让他出头。所以他对高澄说，我特意把擢升慕容绍宗的机会留给你，让他对你感恩戴德，你一定要善用这个人，他拥有让侯景死无葬身之地的本领。

慕容绍宗也挺冤的，他是历史上少有的被才华给耽误了的智者，只是因为太有才了，才被发现他太有才的领导给故意当成重要的战略物资储备了好多年，如果高欢活到70岁才死，估计也就没他什么事了。

慕容绍宗的名字对很多人来说比较生僻，不比大家耳熟能详的廉颇、王翦、霍去病等人，但其实慕容绍宗的才华跟他们都是一个级别的。唐朝时曾经精选出春秋战国以来的六十四位名将，将他们的牌位放在武庙中祭祀，以彰显他们的功劳与成就，慕容绍宗就是其中之一。同时上榜的同时代人物还有刘宋的檀道济和下文即将出现的王僧辩。

慕容绍宗在高欢当权期间，担任过好几个州的刺史，刺史虽说也算是高级干部，但始终带着地方官员色彩，没有朝廷层面上的光鲜显赫。高澄上台后，立即升任慕容绍宗为尚书左仆射，使他一跃成为朝廷当红官员。

547年正月初八，在给儿子交代完全部后事后，一代枭雄高欢病亡。高欢正月初八死，侯景正月十三就举起了反旗，宣布脱离东魏。

我们都知道侯景在反出东魏后投靠了南梁，最终引发了侯景之乱，但实际上侯景并不是反了东魏就直接投向了南梁，而是先投靠西魏的。

西魏的宇文泰和高欢一见面就打仗，见高欢手下大将投降自己，当然表示欢迎。为了表示对侯景的重视，宇文泰主导的西魏朝廷给侯景送来了好几顶帽子，任命他为太傅、河南大行台、上谷公。

太傅是当时的最高官职，不过这是个荣誉虚职，主要在于面子大，没什么实际权力。西魏也就是意思一下，表明态度。因为侯景也只是派人来说自己愿意投降，人还在洛阳，军队和地盘也还掌控在他手上，西魏当时对侯景还没有影响力和决定权，能做的事只有送官帽。送其他实在的东西，宇文泰不会干的。宇文泰也是个人精，岂会被侯景耍？没见到鸡到自己脚边，他是不会把白花花的大米撒出去的。

侯景在投降谁的问题上，一开始就是玩弄手法，脚踩两条船。在接受了西魏的官职后，他又派人到南梁给梁武帝萧衍送去奏表，说自己跟高澄有过冲突，害怕他残害自己，所以愿意向梁国献出自己统辖的十三州土地，请萧衍行行好收留他。

十三个州啊，这个礼包实在是太大了，很难有人能拒绝这么一大份送上门来的厚礼。侯景当时控制着涉及今天河南、安徽、山东三个省众多城市的广阔地域，东西从山东济宁到河南洛阳，北边以黄河为界，南部到达山东省息县。

萧衍拿着侯景的奏表，立即召集朝臣召开会议，商量如何处置侯景献土地的事情。令萧衍没想到的是，所有的与会大臣都反对接受侯景，认为侯景是个烫手山芋，如果让他来梁国，将会引发严重的外交事件。当时南梁和东魏是睦邻友好关系，建交有一段时间了，互通使节，走动得挺亲热。朝廷大臣一致认为，接受侯景，会导致和东魏的外交关系破裂，引发战争冲突，得不偿失。

唉，为什么朝臣总是比皇帝有远见？为什么有远见的意见总是得不到执行？在这件事情上，南梁大臣的意见非常正确，如果萧衍听取了这次意见，他的帝国不会轰然崩溃。

这类事情其实历史上有过例子的。战国时期，秦国攻打韩国上党郡（今山西省长治市），对上党志在必得。韩国哪能抵挡得住如狼似虎的秦国军队？在上党即将被攻破的时候，韩国决定把秦国垂涎已久的上党郡十七座城池全部无条件送给赵国。赵王笑得合不拢嘴，一口吞下了这个白得的大蛋糕，以为自己占了天大的便宜，就没想到这其实是个天大的错误，得罪了强大的秦国，惹得秦国爆发冲天之怒，对赵国发动了长平之战，一举坑杀赵国四十万大军，将赵国推向快速灭亡的悬崖。

萧衍博古通今，不会不知道这个历史镜鉴，但这个时候他完全被这么大的一片土地冲昏了头脑，没有听从多数大臣的意见，只对他最信任的奸佞之臣朱异言听计从。

朱异是个拍马屁的高手，他能不留痕迹地从各个角度把皇帝萧衍拍得特别舒服。萧衍对他的话没有不听的，导致很多想找皇帝办事的人都不找皇帝，而是直接带着礼物去找朱异，只要他答应了，就等于是皇帝萧衍答应了。萧衍这次做出接受侯景的决定，朱异是最大的推手。

虽然贪恋十三州土地，但在朝臣一致的反对声中，萧衍也一度犹豫不决，他也担心接受侯景会惹火烧身，曾在朱异面前自言自语地说："我国家如金瓯，无一伤缺，今忽受景地，讵是事宜？脱致纷纭，悔之何及？"此时萧衍的态度处在矛盾飘摇之中，他在想侯景那片土地的同时，也在考虑利弊，觉得眼下梁帝国像金瓯一样完整无缺，局面稳定。假如因贸然接收侯景献上的土地而引来麻烦，后悔都来不及。

这时候如果朱异在边上说一句，确实是这样，还是不要接纳侯景为好，那萧衍肯定是随他的意思了。不过朱异没有这么说，他积极怂恿萧衍接纳侯景。说自从陛下登基以来，在您英明的领导之下，无论南方还是北方的人民都对您膜拜归心，他们早就盼望着南北统一了，您要是不接受侯景，那就是违背了上天的旨意，伤害了十三州广大人民的心啦！

这马屁拍的，能让人吐好几天。大拍了一通后，朱异又加码说，如果拒不接受侯景的归顺，恐怕以后不会再有其他英雄带着队伍来投奔您，所以请大胆接受侯景吧，不要再有顾虑。

经朱异这么一推，本来还在犹豫矛盾的萧衍，马上变得态度坚定起来："上乃定议纳景。"就这么定了，侯景，我们要了。

萧衍给侯景的待遇比西魏更高，不但封侯景为河南王，都督河南北诸军事，还授予他特别的"承制"权。所谓"承制"，就是代表皇帝行使职权。那会儿还没有"尚方宝剑"的概念，不然萧衍定会送侯景一把宝剑耍耍。

瞧这封赏，高得也太没谱了，面还没见着，就甩出这么多大肉骨头，也真是显得太心急了点儿。可惜，心急吃不了热豆腐。侯景这块豆腐并不是大豆做出来的，而是一块烧得通红的铁豆腐，一口咬下去，只会是满嘴血泡。

第三章　引狼入室

侯景利用信息不对称的优势，瞒着宇文泰和萧衍玩起两边开花、一仆二主的游戏，顺溜得很。

萧衍在决定接纳侯景后，马上派遣司州刺史羊鸦仁率领三万梁军赶往悬瓠。悬瓠即今天的河南省汝南县，当时是侯景的控制地。这个地方在古代很长一段时间里都是兵家必争之地。大家很熟悉的教科书上的课文《李愬雪夜入蔡州》中的“蔡州”其实就是悬瓠，这是悬瓠在唐朝时的名字。其实本来叫豫州的，因为避唐代宗李豫的名讳，才改名蔡州的。

中国古代各种名称里因为跟皇帝名字撞车而被迫改名的例子多到数不清，任何东西，任何领域，只要和皇帝或皇帝的祖先字号相同的，一律无条件改名。像咱们现在说的“正月”就是避讳秦始皇的结果。在秦始皇还没当皇帝的时候，正月叫“政月”，因为秦始皇名字是嬴政，所以，“政月”就不能叫了，改成“正月”，连音调都改掉了。

到汉朝，改得就更多了：因为汉文帝刘恒，神话里的“姮娥”改成了“嫦娥”；因为刘秀，“秀才”改成了“茂才”；因为汉明帝刘庄，如雷贯耳的庄子竟然被改成了“严子”。刘邦不但让自己的名字成为屏蔽词，还觉得皇后吕雉的名字也必须避讳，下令将“雉”以“野鸡”两字代替，在今天这个年代已经显得不那么好听的“野鸡”一词，当年就是这么带着高贵的气息横空出世的。

动物界不光野鸡因避讳改名，老虎也曾被改过呢。因为唐高祖李渊的爷爷名叫李虎，整个唐朝都谈虎色变，一切叫“虎”的东西都得改掉。尿壶在古代一直叫虎子，不行，改叫马子；天下名关虎牢关改成武牢关；大家最熟悉的“老虎”这个词更不能说了，不是还有个大虫的名字吗？或者就直接叫猛兽啥的。

《周书·杨忠传》里记载了一个故事，以表现杨忠勇猛无敌：“尝从太祖狩于龙门，忠独当一猛兽，左挟其腰，右拔其舌。”说杨忠跟随宇文泰在龙门打猎时，独自一人跟猛兽搏斗，左手抱住猛兽的腰，右手伸进猛兽嘴中拔出它的舌头。这句话中让人莫名其妙的“猛兽”其实就是老虎。《周书》作者令狐德芬在唐朝为官，哪敢说出“虎”字，只好以“猛兽”替之。

在侯景反出东魏这时候，大唐开国皇帝李渊的爷爷李虎正在宇文泰手下工作，李虎还有个姓李的同僚叫李弼，这个李弼就是隋唐风云人物李密的曾祖父。宇文泰创设的西魏真的是非常牛，全面影响隋唐历史的重要人物几乎全来自西魏，偏居一隅的西魏可以说是隋唐300年文明的发轫之地。

只是，南朝的文明就要毁在侯景手里了。

羊鸦仁带着三万军队向侯景镇守的悬瓠极速运动，希望能以最快的速度接收这个重要城池，让梁军的影响力扩展到淮河以北。

侯景的出走让东魏新任掌权者高澄既气愤又心痛。气愤的是自己刚上台，叔伯前辈大将就跳出来砸场子；心痛的是损失太大了，难以承受。东魏本来就不大，侯景一下子带走十三个州，几乎相当于东魏一半的国土，高澄能没有吐血的感觉吗？所以高澄当时心里想的最重要的事情，就是怎么把侯景干掉，如何把侯景控制的土地夺回来。

在得知侯景叛乱的第一时间里，高澄就命武卫大将军元柱统率数万兵马南下，星夜兼程杀向侯景，希望能通过长途奔袭的方式打侯景一个猝不及防，进而将其歼灭。可惜侯景不是那么好对付的，以高澄的能力是无法灭掉侯景的。

元柱的大军到达颍川，也就是今天的河南省许昌市境内的时候，跟侯景进行了一场遭遇战。元柱本来是想打侯景一个措手不及的，没想到在路上突遇侯景，自己反倒被打了个措手不及，只好死伤惨重地败回邺城。本来侯景想跟在元柱屁股后猛追猛杀的，但考虑到羊鸦仁率领的梁军可能快到了，便放弃了追赶，指挥军队驻扎在颍川，等待羊鸦仁前来汇合。

令侯景想不到的是，他在颍川没等来羊鸦仁，却等来了东魏的大将韩轨，他是奉高澄之命攻击侯景的第二波主力。刚跟元柱打了一仗的侯景被韩轨的部队水泄不通地包围起来，侯景傻眼了，友军羊鸦仁没来，自己跟韩轨硬拼划不来，不利于保存实力。

于是，他想起了一贯的借刀杀人法。侯景向西魏朝廷求援，请宇文泰赶快派兵来救他。不过，求救并不是无条件的，白救谁救呀。侯景明白这点，说只要西魏出兵，他就割让包括颍川在内的四个州的土地给西魏作为酬谢。

有地盘赚，西魏朝廷当然愿意了，宇文泰当即指派李弼、赵贵率军前往，增援侯景。韩轨见西魏军队介入，再加上羊鸦仁的梁军也即将到达，吓得没敢开战，自动偃旗息鼓撤走了。

警报解除之后，侯景的坏水又冒出来了，面对大老远跑来支援他的西魏军队，他不仅没有感激之情，反而生出了吞并这支军队的心思：“侯景欲因会执弼与贵，夺其军。”侯景在大营里摆下了丰盛的酒宴，强烈邀请李弼、赵贵两人来吃饭喝酒，打算在宴席中将两人杀死，然后趁着群龙无首之机收编他们的军队。

瞧侯景这小算盘打的，噼里啪啦，跟天上下金子似的，要是成了，可真是赚大发了。但他小看李弼和赵贵了，这两人也精着呢。我们去你那儿喝酒，喝一半时，你咳嗽一声，摔杯为号，一帮人亮家伙冲出来把我们砍死，你换个酒杯继续喝，是吧？不上你的当，不去。两人知道侯景狡诈多变，谢绝赴宴。赵贵甚至打算以其人之道还治其人之身，把侯景诱进自己的大营生擒活捉。李弼阻止了赵贵，说侯景这人阴险狠毒，别事不成倒惹得一身骚，留着他还有用处。

对西魏而言，留着侯景的确用处很大。侯景对西魏最大的用处就是祸乱他国，削弱自己竞争对手的力量。侯景这根导火索先是引得东魏和南梁互殴，后来又引爆了整个江南。正是侯景的破坏，才使得三国中的另外两国力量受损，让西魏坐收渔翁之利。这是取代西魏的北周最后能消灭所有的割据力量，成功一统南北的重要因素之一。

总之，西魏这次没费一枪一弹就白得了四个州的土地，属于无本生意，赚嗨了。

侯景手上本来有十三个州，送给西魏四个，只剩九个了，这让侯景心里有点儿不平衡。李弼、赵贵走后，他再次向西魏朝廷提出增派援军的要求。这次侯景并没有出现任何紧急情况，他的求援相当莫名其妙，应该是心存不良，想重复上次没有完成的计划，摆一桌酒菜，杀两个将军，吞一支队伍。

但这次宇文泰拒绝派兵，他不相信侯景能死心塌地地投靠自己。他了解侯景和高欢的关系，两人几十年的老战友，高欢刚死没几天，侯景就翻脸不认人，这样一个反复无常的人怎么可能老老实实地跟着自己？所以他给侯景出了一道测试题：召侯景入朝。就是叫侯景到长安朝廷来拜谒皇上。

这在礼仪上是说得通的。作为一个弃暗投明的外国重臣，接受了皇上的封赏，亲自来朝廷面见皇帝表示一下感谢也是应该的。如果侯景是真心归降，肯定会接受朝廷的征召；如果不来，那就是抗旨，就是不想失去手上的兵权，归降就是骗人的。

假如侯景如约应召到了长安，可以肯定的结果是，他会被朝廷封官加爵，明升暗降地限制在长安，短期内不可能有机会出得了都城。这样，他的军权、军队就都没有了，而一旦没有了军队，再厉害的将军也只是没牙的老虎。侯景当然不愿意应召去长安，说自己要在这里好好站岗，扎根边疆，建功立业，为国奉献。

宇文泰不是萧衍，可不听侯景忽悠。在侯景拒绝来朝后，他下令撤回所有为侯景协防的军队，不再搭理侯景。宇文泰果然是明白人，一眼就看出了侯景是个不可亲近之人，怪不得能创立独领风骚的“府兵制”。

历史上大名鼎鼎的府兵制就是宇文泰一脚踹开侯景这个时间段创立的。五胡主宰北中国时期，上战场打仗的多是从小在马背上长大的少数民族，不善弓马的汉族民众在武力压制下被迫提供后勤保障。你挑水来你浇园，你耕田来你织布，农活的收成很大一部分被用于供养军队，引发了尖锐的民族矛盾。

为缓和矛盾，使军队更有战斗力，宇文泰发明了亦兵亦农的府兵制，即全国百姓农时耕种，闲时军训，战时操起刀枪上战场。这种军事制度后来被隋朝、唐朝继承，成为两个强盛王朝的基本军事制度，流行了200多年，直到唐玄宗时代，随着土地制度的崩坏，府兵制才改为募兵制。

募兵制的本质就是一句话：只要你来，其他的一切事情都交给我！跟府兵制打仗还要自带武器、自备马匹不同，募兵制不但吃、喝、住、穿、用都是国家全包，还免除赋税，教你各种军事技能，学不会免费再学，直到学会为止。募兵制实行后，兵役基本上就固定下来了，现在的征兵制也大抵如此。

被宇文泰拉入黑名单后，侯景没有出路了，只有投降南梁。直到这一刻，侯景才决定死心塌地地跟随萧衍，因为他实在没地儿可去了，就这三个国家，那两个已经关门了，只有南梁的萧衍还对他敞开着大门。

其实东魏那边的高澄还是希望侯景能重新回到洛阳的，因为侯景带走的土地实在太多，东魏承受不起这样的损失。侯景脱离东魏后，高澄还抱有让他回头的幻想，没有杀害他住在邺城的亲人。侯景从小就没有父亲，只有一个老母亲，还有他的妻子儿女，跟他老母亲一起被看管在邺城。

高澄写信告诉侯景说，你全家平安地生活在都城，如果你愿意回来，你和你的所有部下都既往不咎，不会给你任何处罚，并且任命你终生担任豫州刺史，你的母亲以及妻子儿女将全部被送到豫州治所悬瓠和你团聚，从此以后你们一家人可以完整地生活在一起。

高澄为了能唤回侯景，也真是给足了条件，连家属都无条件随军。一般来说，为了防止出镇一方的将军叛变，他们的家属是皇帝必须抓在手里的筹码。要么老老实实地为我工作，要么你全家命归黄泉，就剩你一个光棍孤零零地苟活于世。高澄这次的姿态真是低到尘埃里去了，主动提出放弃手里最关键的人质。他想这么优惠的条件，侯景不至于不答应吧？

哪知道侯景对他给出的这个最惠待遇根本不屑一顾，回信说，我不在乎这些，当年项羽对刘邦说要杀死他的父亲，刘邦还叫项羽给他留一碗肉呢。至于我的母亲，你想杀就杀。妻子儿女，更没有什么值得在意的，你杀死他们对我毫无损失。“家累在君，何关仆也！”最后这句话，前半句像是人话，后半句则是畜生之言。侯景对高澄说，你如此屠杀无辜，只会给你自己带来灾害，跟我有什么相干！

这人真是个冷血动物。高澄滥杀无辜固然不对，但他面对自己所有的至亲可能遭受的残酷杀害，居然没有一丝悲痛、无措或惊惧，还说他们的死活与己无关。这样的人，世上少有。

后来，他的亲人死得很惨，全部被高澄酷刑处死，“高澄悉命先剥景妻子面皮，以大铁镬盛油煎杀之。”妻子和成年的儿子被活活剥掉脸皮，再扔进滚沸的油锅里。女儿全部入宫为奴。几个三岁以上的未成年儿子“并下蚕室”，就是几个小男孩全部被割掉生殖器。

这里的“蚕室”可不是养蚕的地方，而是专门为受到宫刑的男人设置的无风无光、温度相对稳定的全封闭房间。那时候没有麻醉，没有消炎止血药品，切割男人生殖器时不仅疼痛，而且伤口极易感染。古代的中医虽然对此无能为力，但也知道这点，于是就把刚做过此类手术的人放进蚕室养伤，坐等伤口愈合。

不过蚕室的死亡率特别高，很多人都没有机会活着走出不见阳光的蚕室。侯景的几个儿子还算命大，虽然男人的命根没有了，但挨了一刀后都活下来了。不过不久他们就都被北齐皇帝高洋给杀了。高洋有天做梦梦见一群猕猴坐在他的御座上，便对号入座，把猕猴对应成“侯”姓了，觉得反贼侯景的儿子不安全，就叫人架起大锅，锅里装满了水，把侯景的这几个大难不死的儿子全部煮死了。

但侯景不管这些，他只要自己不死，其他的人，他全都无所谓。当下他最大的任务是紧跟萧衍，跟南梁军队联合，灭掉东魏的高澄，然后请萧衍再指派一个东魏皇帝，这样自己就成了新朝首屈一指的大功臣，前程难以限量。

而萧衍在侯景投降的刺激下，也猛然血脉贲张，雄心万丈地要干一番北伐大事业，再现当年陈庆之横扫洛阳的辉煌。他下令向东魏发起全面攻击，任命贞阳侯萧渊明为北伐军总司令，率领十万水、陆联军，跟侯景一起进攻彭城。

萧渊明是萧衍最尊敬的大哥萧懿的儿子。萧懿在萧衍称帝前夕被萧宝卷杀害后，萧衍把对大哥的爱全部转移到了萧渊明的身上，特别宠爱这个侄子。像这次北伐，本来不是萧渊明当统帅的，但萧衍为了让他立功，硬要派他去，导致最后弄得一地鸡毛。

萧衍知道萧渊明不会打仗，临行前特地跟他交代了两条战场制胜法宝：一条是叫他不要仗着人多势众就瞎往前冲，让侯景在前面打。还有一条是嘱咐他千万不要和敌人硬拼，把军队带到寒山（今江苏省徐州市东南）以后就驻扎下来，然后在彭城附近的泗河上筑坝拦水，利用河水淹没彭城，经济方便，安全可靠。这一点萧渊明记得很牢，抵达寒山后，他命令侍中羊侃负责泗河筑坝工程。

羊侃算是南梁后期少有的几位名将之一，是从北魏投奔南梁的，他在侯景之乱中主持建康皇宫的防御，给侯景以致命打击。如果他不是因病去世，侯景进不进得了皇宫还很难说。

这样的名将自是很能干，只用二十天就筑起了一座高大的堤坝，将浪涛滚滚的泗河拦腰切断。拦水大坝建成后，泗河河水开始向彭城倒灌，彭城周围一片汪洋，河水淹没了城门，距离城墙顶部不足一人高。这次没有发生溃坝悲剧，因为泗河是淮河的支流，水势和水量都没法跟淮河相比。

羊侃见彭城淹得差不多了，便建议总指挥萧渊明趁着水势不断上涨的机会，大举进攻。萧渊明拒绝了羊侃的建议，说，别急，大水会把他们全部淹死的，我们不需要动手。

按道理讲，这种局面下，马上向敌人发起大规模进攻是最明智的选择，但无奈萧渊明根本不懂得作战之道，他只知道喝酒，每天在军营里喝得醉醺醺的，各位将领来跟他讨论战场形势时，萧渊明一问三不知，除了哪种牌子的酒好，军营里的其他情况他一概不关心。当手下将领问他该如何攻打彭城时，他不知道该如何回答，只能很搞笑地对众将说，到时候随机应变。

彭城对东魏至关重要，高澄怎可能坐视不救？为了保彭城不失，高澄派出了他的两大王牌将领率领十万大军驰援彭城。这两大主帅一个是慕容绍宗，一个是高岳。

高岳是高欢的堂弟，打仗非常厉害，是高欢的得力帮手，每次大战，高欢都对他委以重任。不过他虽然名噪一时，但侯景却一贯看不起他的，听说派高岳来彭城，他轻蔑地说："兵精人凡。"这是鄙视高澄不会用人，也是嘲笑高岳没什么本事，意思是来的军队虽然精锐，但头领平凡。

侯景这人有个特点，似乎瞧不起一切单纯勇猛无敌的将领，特别欣赏用脑子作战的人，就是善于用兵的那种。东魏的一帮超级猛将排着队被他看不起。

上次得知韩轨来攻打他，他一脸鄙夷的神色，"啖猪肠儿何能为！"派个吃猪肠的小子来能干什么！估计那时候还没有"大肠炒腌菜"这道名菜，不然侯景也不会瞧不起喜欢吃猪肠子的。这句话在当时应该是一句骂人话，不然无法让人理解吃猪大肠跟打仗水平高低到底有什么关联。

不光是前面这两人，即便是比这两人更厉害的高敖曹和彭乐，侯景也是嗤之以鼻。高、彭二人是东魏数一数二的名将。彭乐勇猛到什么程度呢？在沙苑之战中，彭乐面对不利战势，在西魏军中左冲右杀，砍死了数不清的敌人，自己也身负重伤，被人刺破肚子，肠子都流出来了。你以为他会找个军医来包扎一下？没有，他把肠子裹弄裹弄塞进肚子里，又继续战斗。这世界上，亲眼看过自己肠子的人还真是不多呢。

彭乐最勇敢、最经典的行动还不是撸肠子战斗，而是在东魏、西魏之间那场超激烈的洛阳邙山之战中的表现。沙苑之战后，宇文泰带着十万军队在邙山跟高欢再次进行你死我活的比拼。战斗刚一开始，彭乐就带着几千名骑兵杀进西魏军的纵深大营，西魏军猝不及防，没想到敌军来得这么快，来不及躲逃，大营被彭乐杀得血流成河。

东魏的侦察兵看到彭乐畅通无阻地进入西魏军大营纵深地带，赶紧跑去向高欢示警，说彭乐临阵倒戈，投降了西魏。高欢极目远眺，可不是吗，彭乐的大旗果然在西魏军营里迎风飘扬。高欢心想，如果不是跟西魏军事先串通好，怎么可能这么快就到了人家军营的心脏地带？

这个消息让高欢大怒若狂。没承想他气还没消呢，就收到了彭乐派人送来的喜报，说已经俘虏了西魏皇族五名郡王和其他三十多名司令、将军、参谋长啥的。东魏军在彭乐的带动下，士气大振，把西魏军杀得丢盔弃甲，漫山遍野地逃命。

彭乐盯着宇文泰紧追不放，宇文泰被他追得走投无路，一路上马不停蹄地忧伤，感觉自己快要死了，边跑边哀求彭乐，彭将军你行行好，别追了，我服你了。彭乐说，那不行，想让我不追，你别跑就行了。“痴男子！今日无我，明日岂有汝邪！何不急还营，收汝金宝！”宇文泰甩给他一袋黄金，说别追我了，赶快下马收好你的金银财宝吧！这次宇文泰为了保命，不仅支付了卖命款，还提醒彭乐别忘了兔死狗烹的故事，说你今天把我抓了，以后天下无事了，你们这些将军还有用武之地吗？肯定很快就会被高欢处决。

也不知道是恐吓起了作用还是金灿灿的黄金起了作用，总之彭乐没有再追宇文泰，背着黄金乐不可支地回营了。

这边高欢还在等着彭乐把死对头宇文泰带回来呢，没想到彭乐带回来的只是一袋黄金。高欢绝望到想死，一把抓住彭乐的头发，使劲儿地把他的头摁到地上撞击地面。幸亏那会儿没有瓷砖，不然彭乐笃定被磕得一脸血糊糊的瓷渣子。这么磕撞，高欢还不解恨，抽出佩刀，三次高高举起，想一刀剁了这个有勇无谋的莽将。但思来想去，还是怜惜彭乐在战场上的勇猛劲儿，放过了他。

假如这次彭乐不为宇文泰的话语和黄金所动，执着地把他生擒活捉，或者当场杀死，那高欢就会毫无悬念地统一两魏。但他失去了这次千载难逢的机会，最后，反而是他所在的帝国被曾经比他实力小很多的对手吞并。历史，真的是难以捉摸，充满变数。

跟彭乐比起来，高敖曹更厉害，他在当时被誉为项羽再世，在战场上斩杀了无数敌将，谁跟他对阵，就是点儿背，运气不好。在所有将领中，高欢最重视的就是高敖曹。

高敖曹所带的军队跟其他部队不同，是唯一的一支汉人组成的军队。“时鲜卑共轻华人，唯惮高敖曹。”南北朝时，北方是以鲜卑族为主导的世界，鲜卑族以及其他民族都看不起身板和力气都相对柔弱的汉族人，高敖曹是当时鲜卑大族唯一敬畏和害怕的人。

高欢的祖上虽说也是汉人，但到他那一代时，已经完全鲜卑化，只是会说汉语而已，他个人也是以鲜卑民族自居的，平时对军队发号施令时，都是说鲜卑语，但只要高敖曹在场，无论面前有多少鲜卑人，高欢都只说汉语。他就是这么重视高敖曹，愿意忽视所有人，只为高敖曹一个人特供汉语。

高敖曹作战勇猛，但最终在河桥之战中遭遇了滑铁卢。当宇文泰看到高敖曹率军冲入己方阵营时，立即调动全军所有军士围攻这只人见人畏的猛虎。但高敖曹还是杀出了重围，跑到了高欢的堂侄高永乐镇守的河阳城下。

如果这时候高永乐把城门打开，高敖曹就安然无恙了，但高永乐和高敖曹有过节，于是公报私仇，拒不开门，导致高敖曹被紧追不舍的西魏军包围。面对绝境，高敖曹挺爷们儿，面不改色地伸着脖子招呼追兵说：“来，与汝开国公！”临死还不忘送别人个人情，那个谁，今天碰到我算你遇到财神了，来来来，送你一个开国公做做，把我的头砍了，你回去就会得到开国公的奖励。

那个砍下高敖曹脑袋的军人不知道是谁，史书上并没有记录他的名字，但对他得到的重奖倒是记下来了。与高欢得知高敖曹死讯后，狂怒地把高永乐狠打了两百军棍的反应差不多，宇文泰看到高敖曹的首级后，狂喜地赏赐那个立功者一万匹布匹绢缎。

一万匹绢缎，对个人来说是天文数字，以当时西魏的财政实力，也不能一下子拿出这么多，于是西魏朝廷决定将奖励“岁岁稍与之”，就是现在流行的分期付款的模式，每年都发放一点儿奖励绢，就这么挤牙膏似的，年复一年地发奖，一直发到北周灭亡了，一万匹绢缎都还没有发放完毕。

隋文帝杨坚灭亡北周是581年，距高敖曹被杀已经过去了43年了。这分期也分得太多了，时间长得过分，西魏朝廷有老赖嫌疑。一万匹绢虽然很多，但不至于一年连三百匹都给不起吧，哪怕是一年给个二百五十匹，四十年也按揭完毕了。

同样是奖励，同样是那个年代，彭乐差点儿干掉宇文泰那次，高欢在猛揍了彭乐一顿之后，叫人搬来了三千匹绢压在彭乐的身上，说你不是想发财吗？看这么多绢能不能压死你这个贪财鬼。最后高欢把这三千匹绢全部送给彭乐了，作为他把宇文泰追得屁滚尿流的奖赏。人家这边一次给足三千匹，而那边一万匹分半个世纪给，最终剩下的尾款还烂尾要不到了，因为改朝换代了，谁还肯报销上任老板签字的支票？

一代勇将高敖曹死得很悲壮，杀他领赏的人结果很悲催。尽管堪称枭雄的宇文泰对高敖曹之死开出了他从政期间最高的赏格，但侯景却压根儿看不起彭乐、高敖曹这样的猛将，他对两人的评价是：“此属皆如豕突，势何所至！”侯景说他俩只知道在战场上跟野猪一样地狂奔，不会根据形势变化灵活处理各种问题。

甭管他说得对不对吧，反正他对谁都不服，就服一个人：慕容绍宗。当侯景听说慕容绍宗被派来彭城时，心里“咯噔”一下，紧张得马上表现出畏怯的神色，不相信地用手捶打着马鞍说：“谁教鲜卑儿解遣绍宗来！若然，高王定未死邪？”侯景觉得高澄不过是个乳臭未干的嫩小子，不可能知道把一直在外地当刺史的慕容绍宗突然调回来救援彭城的，他认为高澄没有这样精准的识人本领。

侯景的确是鬼精得很，他从这个看似简单的人事调动上，准确地判断出这是高欢的安排。他甚至怀疑高欢没有死，因为只有高欢才会做出这么正确的决定。饶是他再聪明，也不会想到这是他的老上级高欢临死之前特意为他私人定制的锦囊妙计。

慕容绍宗带着十万人一路风尘仆仆地赶到寒山。羊侃见慕容绍宗的军队气喘吁吁地远道而来，觉得有机可乘，可以占点儿便宜，打他们一个下马威，便建议萧渊明下令军队，趁着敌人疲惫不堪，立即发起攻击。萧渊明不搭理他，自个儿喝自个儿的美酒。第二天早晨，羊侃觉得应该再去争取一下，又跑去找萧渊明，说机不可失，赶快出兵。萧渊明依旧不搭理他。

羊侃气得不行，对萧渊明彻底绝望，带着自己的部队一声不响地离开梁军大营，驻扎到了拦水坝上。他已料到，只要萧渊明在，此战必败。他不愿待在大营里被踩踏而死，提前找了个可攻可守的地方。

慕容绍宗在彭城附近进行短暂休整后，指挥部队快速向梁军发起攻击。由于萧渊明的草包，梁军大营杂乱无章，根本禁不起慕容绍宗这样指挥有方的将军有组织的攻击。各营将领互不支援，一盘散沙，战斗刚一开始，就有将领为保住自己的军队不战而逃。在东魏军的冲杀下，梁军全线崩溃，争相逃命，被东魏军打得稀里哗啦，伤亡失踪了好几万人。

当东魏军到处追杀南梁军的时候，作为主帅的萧渊明却因喝酒醉得一塌糊涂，正在床上睡觉呢，他是躺着成为东魏俘虏的。东魏军冲进梁军司令部一看，哟，这怎么还有个躺着的？要不是满屋的酒气和呼噜声，东魏军还以为是故意躺着装死呢，打死他们也不会想到，这醉得神志不清的家伙竟然是南梁军总司令。

寒山之战以梁军的惨败而结束，十万大军，只有羊侃的一支军队安全退回。

当战败的消息传到皇宫时，萧衍遭受了一次重大打击：“上闻之，恍然将坠床。”当听到慌慌张张跑来的朱异说寒山会战失利后，萧衍浑身一震，血压急升，好像受到了沉重一击，整个人精神恍惚，神不守舍，身体不由自主地向前倾倒，要不是身边的宦官一把扶住，他就直挺挺摔倒在地了。

这条消息让80多岁的萧衍瞬间苍老到100岁，他无限忧伤失望地叹息道：“吾得无复为晋家乎！”寒山失利让萧衍的内心突然生出穷途末路的恐惧，他觉得自己要亡国灭祖了，可能会步前朝司马家的后尘。

萧衍嘴中喃喃自语的“晋家”就是晋武帝司马炎创立的西晋。西晋的灭亡比较特殊，跟之前的秦汉以及三国不一样，特殊之处就在于西晋是被匈奴人刘渊创立的汉赵政权推翻的。当年摧枯拉朽扫平蜀汉与东吴两国的司马家族，结局说不尽的凄惨可怜，最后的两个皇帝晋怀帝司马炽和晋愍帝司马邺都被汉赵皇帝刘聪万般凌辱戏弄后杀死。

其中，司马邺跟南朝宋、齐、梁、陈四个朝代共同的都城建康很有关系，建康城之前一直叫建邺，就是因为避司马邺的名讳，才改名建康的。不过现在在南京市，还能找到历史的痕迹，南京有一个区依然叫建邺区。

因为汉赵政权的匈奴标签，被他灭亡的西晋在一向以正统自居的中原政权眼里，就显得特别悲剧，好像被中原人眼里的夷族所灭比被同是中原政权所灭要耻辱百倍似的。

其实这只是中原人士盲目地自以为是而已，就好比一个人死亡，死于心脏病跟死于癌症没什么本质区别，结果都是死，难道死于心脏病的就比死于癌症的高贵些？死都死了，还分什么三六九等！

但那时候的观念就是这样，萧衍作为皇帝更是如此，寒山之败让他的脑子里闪过自己被北方政权灭亡的结局。北方的两个魏国都是他从心底里瞧不起的鲜卑胡族，自己作为一代正朔，如果灭于胡人，那他这个皇帝就要被钉在耻辱柱上火烤千万年了。

不知道萧衍为什么会有这种感觉，按理讲，一场局部战争的胜负根本到不了国家灭亡与生存的高度，但他却将寒山之战的失败看得如此重要。不过他的第六感倒是挺准的，寒山之战后仅一年多，他担心的国家灭于胡人之手没有应验，倒是他自己真的死于胡人之手——一个流氓无赖的羯族人，这个人，当然就是本章的主角侯景。

侯景这个时候还在自己控制的地盘上游荡。梁武帝萧衍虽然接收了他，给他封官加爵，但还没有真正地引狼入室，因为侯景这匹来自北方的恶狼还没有进入梁国境内，还在野外居心叵测地寻找最利于自己发展的机会。但是，高欢一直给他留着的压箱底人物慕容绍宗来找他了。

在俘虏萧渊明，成功解除彭城危情后，慕容绍宗决定就地打掉叛变祖国的侯景。侯景手上有四万军队，他不敢跟慕容绍宗正面接触，便主动绕着慕容绍宗走，把队伍后退到涡阳（今安徽省亳州市辖县），打算跟慕容绍宗来一次擦肩而过。但慕容绍宗不依不饶，非要跟侯景来一次亲密接触，领着十万军马，旌旗招展，铁甲闪闪，擂着咚咚咚的战鼓，紧跟着侯景的脚步追到涡阳城下。

侯景被自己的老师追得心烦意乱，但他知道慕容老师的本事，实在不想跟他开战，便忍着气，派了一个使者去慕容绍宗那儿气呼呼地质问："公为欲送客，为欲定雌雄邪？"侯景这也算是客气到家了，尽管他知道慕容绍宗这么紧贴着自己上门，定是要攻打他，但他还是抱着万分之一的希望跟老师说，你这到底是送客呢，还是非要一决胜负不可？

侯景心里多么希望他曾经的老师慕容绍宗回答他说，听说你要走，我是特意来跟你打个招呼道别的，从此咱师徒山高水长，后会有期。可现实呢，他听到了一句毫不客气的责骂：废话，我是代表国家和人民来消灭你这个叛徒的！这句话让侯景死心了，他决定跟昔日的兵法老师决一死战。

慕容绍宗命令部队顺风排开阵势，士兵全站在上风头处，等着侯景出战。侯景伸头往外面一看，就识破了慕容绍宗的用意，哼，想诱我出去逆风交战呀，你在上风头，我在下风头，你们打起来省力，我们打起来费力，门儿都没有。任慕容绍宗在外面望眼欲穿，侯景待在大营里动都没动，等风完全停止才拉出队伍。

慕容绍宗早就提前给其他将领打了预防针，告诉他们，侯景诡计多端，擅长迂回袭击，包抄对手的后路，要对部队的后方严加防守。果然，侯景一出现就开始抄击慕容绍宗的后方，原以为这出其不意的撒手锏会引起对方的慌乱与骚动，哪知道完全无效，自己还没转到人家后面，人家士兵就磨刀霍霍地朝他招手，来来来，到这边来，我们没准备，你随意。侯景一看，打仗遇到老师真是倒霉催的，还没动手，他就知道自己要动哪只手。

这怎么行呀，得不按规矩出牌，来招绝的，让老师找不着套路。于是侯景组织起一拨士兵，叫每个士兵把下身的盔甲都脱掉，只留上身的。盔甲都是套装的，保护全身不被刀剑所伤，上战场都是一穿一整套的，哪有单穿上身的道理？下身不要了？还有男人的命根子呢。侯景叫士兵下身不穿盔甲自有他的道理，按照他安排的战法，如果下身穿着坚硬的盔甲，士兵会行动迟缓，活动敏捷度会受到影响，无法完成作战要求。

一番嘱咐之后，这帮只穿着半截盔甲的敢死队成员出场了。他们每个人手里拿着一把短刀，呼啦啦向东魏军冲去。东魏军从来没见过这种奇特打扮的敌人，嘻嘻哈哈地觉得这帮人真怪，怎么只上身穿盔甲？下身光着啥意思？方便尿尿？但他们很快就知道了，原来不穿盔甲是为了方便屈腿弯腰砍杀。

侯军冲进东魏军阵地以后，亮出短刀，啥话不说，低头弯腰，一心一意专砍东魏军士兵的双腿和马腿，跟割麦子似的，噗噗噗噗，一时间鲜血飞溅，马嘶人呼，惨叫一片。东魏军被这种突如其来的刁钻砍腿打法吓蒙了，挤成一团，抱头鼠窜，本来严整有序的军阵顷刻间瓦解，大家互相踩踏，死伤无数，慕容绍宗自己也被溃退的士兵挤得从马背上摔下来，差点儿成了烈士。

慕容绍宗带着败退的部队狼狈地退到距涡阳不远的谯城（今安徽省亳州市）。谯城守将斛律光和张恃显见慕容绍宗这么多人居然被侯景打败，有点儿生气。慕容绍宗跟他们解释说："吾战多矣，未见如景之难克者也。君辈试犯之！"慕容绍宗说他虽身经百战，但却从来没见过像侯景这样难以制服的对手。他觉得自己这么说，两名将军一定会认为自己是在推卸战败的责任。为了让两人相信自己所言非虚，慕容绍宗对他们说，你们若是不相信，可以去跟侯景打一仗看看。

斛律光和张恃显听他这么一说，正中下怀，打一仗就打一仗，看我们如何取侯景人头来！

斛律光是北魏著名战将，因为一箭射落天上飞翔的大雕，而在历史上享有“落雕将军”的美誉。他不光是个神箭手，而且是个超级牛的军事家。只是这时候他才30来岁，还没有特别出名，40岁以后他成了北齐定海神针级别的人物。北齐的劲敌北周因为斛律光的存在头痛不已，因为没法战胜他。

当时北周也有个名将，叫韦孝宽，特别厉害。高欢曾经指挥十几万人攻打他镇守的一座叫玉壁的小城，用尽了各种攻城方法，连地道都挖了十几条，始终进不了城。高欢在城下跟韦孝宽打了五十天，士卒死亡七万，最后还是不得不退兵而去。正是这一仗，让一代枭雄高欢气得急火攻心，导致元气大伤，旧病复发，回国后两个月就死了。

就韦孝宽这么能打的人，碰到斛律光，一样没辙。最后还是韦孝宽利用北齐皇帝高纬的昏庸，施行离间计，到处散布斛律光想造反当皇帝的谣言，才利用高纬之手把斛律光杀掉了。

斛律光的死讯传出后，北齐的对手北周举国欢腾，北周武帝宇文邕为庆祝此后北齐再无劲敌，竟下令全国大赦。几年后，宇文邕吞灭北齐，占领北齐都城邺城时，还曾经感慨万千地说，如果斛律光还活着的话，我哪能有机会到邺城来？

所以斛律光抱怨慕容绍宗战败也不是故意矫情，他本人确实也是一个具备很高军事才华的大将，只不过当时还没有冒头而已。

斛律光跟张恃显披挂上马，带着军队向侯景发起攻击。临行前，比他更了解侯景的慕容绍宗告诫斛律光说，千万不要渡过涡河跟侯景交战！因为一旦过河，如果战败的话，退路被切断，会有全军覆灭的危险。

两人根据慕容绍宗的嘱咐，扎营在涡河北岸。然后，斛律光单骑而出，隔河向侯景发出挑战。侯景在南岸看到斛律光在对面跃马抡枪，便大声鄙视他说："汝岂自解不渡水南？慕容绍宗教汝也！"侯景见向来天不怕地不怕的斛律光居然不过河跟自己作战，就猜到是细致谨慎的慕容绍宗点拨过他。

这一句话把斛律光呛得哑口无言。

更让他哑口无言的事还在后头。侯景命他军中的神射手田迁射死斛律光的战马，给他一个名副其实的下马威。田迁手起箭落，一箭洞穿斛律光战马的前胸。斛律光自己就是个神箭手，没想到被同行给秒杀了。

这个侯景真是有点儿怪，他本身特别残暴，属于杀人不眨眼的那种人，但由于跟斛律光的父亲是熟人，他特地手下留情，命令田迁射马不射人，不然这位后来的北齐擎天柱这时候当场就被射死了。

斛律光在战马被射杀后，又换了一匹。这次他吸取教训，骑马躲在一棵大树后面。没想到刚跨上马背，田迁再射一箭，战马又被射中。斛律光觉得自己架不住对方这么射，连忙退回到军营里。

接下来打了一仗，斛律光和张恃显战败，斛律光逃回谯城，张恃显成了侯景的俘虏。不过侯景没有杀他，而是把他释放了。

在侯景跟斛律光、张恃显激战的时候，东魏军的另一名将军悄悄派人渡过涡河，在侯景军队上方河岸的顺风处放了一把火，试图利用大风让火势蔓延，烧死侯景。陷入火海的侯景急中生智，命令骑兵部队将马直接骑入涡河，然后连人带马湿漉漉地上岸，安然无恙地从火阵中撤出。

斛律光和张恃显吃了侯景的亏后回到谯城，再也不埋怨慕容绍宗没打赢侯景的事了。

慕容绍宗虽然被侯景打败了一次，但他在用兵智谋上还是胜出侯景的。见侯景兵锋甚盛，慕容绍宗改变作战策略，暂时避其锋芒，不跟侯景发生正面交战。他紧闭城门，不理会侯景，似乎完全忘了这个人的存在。

慕容绍宗的这招果然比激烈战斗更有效，因为侯景跟东魏军不同，没有大后方的支持。西魏把他当瘟神踹开了，南梁虽然垂涎他手中的土地，但寒山大败让他们一时没能力支持侯景这个外来客，所以侯景这时候其实是处于脱离家庭，亲爹追打，干爹嫌弃，继父想支持却心有余而力不足的这么一个弃儿状态。这样的状况最大的问题就是粮草不济，粮食吃一天少一天，啥时吃光啥时就是末日。

慕容绍宗就在谯城里不紧不慢地等待着这一天的到来。结果从一开始便注定了。跟慕容绍宗相持了几个月之后，侯景粮草告急，米缸见底了。一旦后勤出现问题，人心马上就散。侯景的手下将领见形势越来越绝望，纷纷反水，投降谯城的东魏军。

慕容绍宗觉得歼灭侯景的时机已经成熟，于是在太清二年（548年）正月初七这天向侯景发起总攻，骑兵部队分两面夹击侯景。侯景知道，成败在此一举，这一仗是自己最后的机会，他特别想利用这次机会创造奇迹，翻盘胜出。

为了使手下士兵同仇敌忾，更卖力地为自己战斗，在跟慕容绍宗开战前，他欺骗大家说："汝辈家属已为高澄所杀。"侯景告诉将士们，他们在国内的亲人已经全部被高澄杀死了。侯景很想全军将士听到这个消息后化悲痛为力量，在战场上爆发出无穷的怒气和强大的战斗力。

他所说的这件事，是存在可能的。为处罚那些跟侯景一起叛变的将士，东魏朝廷把他们住在国内的亲属抓起来杀死泄愤，一点儿也不令人感到惊奇。一旦这个消息被军士相信，那侯景的这支军队就变成两眼通红的复仇军了，所有的军士都会产生同一种心理，反正老子家里啥亲人也没有了，今天就跟你们拼了，替死去的亲人报仇！

慕容绍宗就怕发生这样的情况，见这种可怕的趋势正在生成，慕容绍宗赶紧冲出来大声跟大家解释，说这是侯景别有用心欺骗你们的，事实完全不是这样："汝辈家属并完，若归，官勋如旧。"各位的家属亲人全都完好无损地活着，如果你们现在回归国家，就既往不咎，官位功勋，原封不动，以前是什么身份，回来后还是什么身份。怕对方不相信自己的话，慕容绍宗摘下头盔，披头散发，面向北斗星的方向指天发誓，保证自己所言句句真实。

看来慕容绍宗真是啥都豁出去了，形象、面子、矜持啥的，全都不顾了，一心只想让对方将士相信自己说的话。

这一招还真是管用呢，侯景手下的那些将士见慕容绍宗这么高级别的官员那么真心诚意地对天发毒誓，都相信他所说的话是真。原来自己的家人都还活得好好的，差点被侯景骗惨了。

跟随侯景的这些人很多都是被大军裹挟着随波逐流，真正想叛离东魏南下梁国的人极少。都是当兵混饭吃，在家门口吃不比去外国吃好？他们根本不愿意背井离乡，远走异国。现在被慕容绍宗做了一通现场政治工作后，他们都决定抛弃侯景，回到东魏。一时间，侯景的几万士兵集体涌向涡河，向对岸游去，投奔东魏军。

侯景眼睁睁地看着手下军队像潮水一般凶猛退去，知道局势已无可挽回，再不逃就成俘虏了。于是他再也顾不得任何东西，带着身边的几个心腹将领向南边的淮河方向狂奔而去。慌慌张张渡过淮河之后，侯景点了点手下的残兵败将，只剩下八百人。

即使只有八百人，慕容绍宗也不打算让侯景活着逃到南边的建康，他指挥军队，顺着侯景逃跑的路线马不停蹄地急追。侯景被他追得日夜不敢放心停歇，实在受不了了，便派人给慕容绍宗捎去了一句话：“景若就擒，公复何用！”这句话跟宇文泰劝跟在他屁股后面紧追不歇的彭乐说的那句话意思完全一样，我侯景如果被抓住消灭了，你慕容老师以后还有什么用处呢？

侯景深谙政治之道，他警告慕容绍宗，如果赶尽杀绝了他这个让东魏皇帝头痛的对手，破坏了政治生态，使狼狐失衡，光有温顺的狐狸而没有吃人的豺狼，那么留着他这个高明的猎人也就没有意义了。

慕容绍宗何等聪明，想想也确实是这么个道理，为了日后的安全，为了让皇帝缺不了自己这个对付豺狼的猎人，他私心一动，故意缓追慢赶，放走了侯景。

这种事情在古代历史上发生了无数次，是军将在皇权过于强大的情况下一种不得已为之的自保方法。将军为了自己手上捏有重要砝码，经常这么干，俗名叫战场潜规则，专业名词叫养寇自重。

第四章　侯景之乱

被慕容绍宗打得落花流水之后，侯景惶惶如丧家之犬，只能在淮河附近漫无目的地到处游荡。

东魏他回不去，西魏他去不了，本来还可以趾高气扬地去南梁萧老头那里成为座上宾，但现在，侯景也不好意思直接去找萧衍了，毕竟形势跟以前不一样了，以前自己是拥有部队和地盘的大老板，现在却只是个一无所有的穷光蛋。他怕萧衍问他那说好的十三州地盘呢?

当然，这都是他的错觉，他不知道，在糊涂的南梁皇帝萧衍的眼里，他河南王侯景是一个极受重视的超级贵宾。要是知道这样，估计侯景早就打马奔到建康，直接投奔萧衍了，也不至于费尽心机地在寿阳弄出了后来的许多事情。

侯景带着八百名残兵败将，像幽灵一样在淮河边上踟蹰游荡，不知道要荡向哪里，因为他已经没有可供藏身的根据地了。

他就这么漫无目的地走四方，路迢迢水长长地来到了淮河重镇寿阳城边。当时负责寿阳防务的是名将韦睿的儿子韦黯。不过韦黯只是暂时负责一下，接替萧渊明之后的空缺。之前一直都是南豫州刺史萧渊明镇守寿阳的，后来萧衍把萧渊明调去当北伐军总司令，就让韦黯临时代理负责。

寿阳这么重要的地方，萧衍是不放心外姓人防守的，又任命自己的侄子鄱阳王萧范为南豫州刺史，这个时候，萧范已经在奔赴寿阳的途中了，如果不出意外，过个三两天就能到达寿阳城。

然而，就在这三两天时间里，寿阳出事了，出大事了！

当时属于南豫州刺史管辖的寿阳附近的一个叫刘神茂的军官跟韦黯的关系很僵，因为韦黯是他的上司，他没有办法对韦黯怎么样，听说侯景来了，便去拜访侯景，想怂恿侯景去寿阳捣乱，给自己出一口恶气。

侯景正巴望着能进寿阳呢，但又觉得不可能进得去，军事重地，怎么可能让一个外国将军进去？他可怜兮兮地向刘神茂打听："寿阳去此不远，城池险固，欲往投之，韦黯其纳我乎？"侯景心里认为，自己要去投靠寿阳城里的韦黯，韦黯是不可能接受的。

刘神茂别有用心地给侯景加油打气，鼓励他用计夺取寿阳，并积极给他出谋划策。他说只要侯景把部队带到寿阳城下，以他河南王的尊贵身份，韦黯定会客客气气地把他迎进城里的，到时候趁机逮捕韦黯，占领寿阳，然后再主动给皇帝写一封请罪书，皇帝一定会因为欢喜你的南归而不责怪你。听刘神茂这么一说，侯景觉得是个机会，便如法照做。

在正月二十这天深夜，冻饿交加的侯景来到寿阳城下。韦黯见来了这么一群衣衫褴褛的花子兵，以为是土匪攻城，立即登上城头组织防御。侯景生怕守军放箭，他这么点儿人可不够城上梁军一顿射的，赶紧派人向城内喊话："河南王战败来此投镇，愿速开门。"萧衍不是封给他一个河南王头衔吗，侯景知道这个帽子值钱，想把它拿出来套现，说我是河南王，前线失利，特来投奔，麻烦行个方便，开门让我进去！韦黯拒绝得很干脆："既不奉敕，不敢闻命。"没有皇帝的诏书，任谁我也不会放他进来。

侯景本来就对这么简单就能诓开城门的情况不抱希望，在遭到韦黯拒绝后，哭丧着脸对刘神茂两手一摊说："事不谐矣。"侯景觉得进城的希望指数为零，便打算离开。刘神茂锲而不舍地跟他讲，韦黯头脑简单，缺乏智慧，事情一定能办成。

为了说动韦黯打开城门，刘神茂决定改刚才的欺骗法为恐吓法。他派了个叫徐思玉的人进城去跟韦黯当面交涉，徐思玉板着脸恐吓韦黯说，朝廷对河南王十分器重，想必你不会不知道吧。现在河南王战败撤退到这里，你为什么不让他进城休整？韦黯据理力争，我的职责是保卫城池，河南王他自己打败仗，跟我有啥关系啊！徐思玉再次加大恐吓力度，说假如东魏追兵到来，河南王在城下被杀，你韦黯也难逃一死！这句话把韦黯吓到了，是呀，如果河南王因为我将其拒之城外而遭到敌人杀害，那皇上一定会拿我问罪的。算了，保命要紧，万一出点儿意外，咱吃不了兜着走，还是放他进来吧！

就这样，在两个南梁人的鼎力帮助下，奄奄一息的侯景成功地进入寿阳城。当侯景得知韦黯同意打开城门让自己进去时，欣喜若狂地感谢徐思玉说：“活我者，卿也。”侯景知道，如果这次进不了寿阳城，自己这支破落的队伍随时都有可能被任何一支武装力量吃掉，生命也是朝不保夕，所以他把徐思玉看成自己的救命恩人。后来，刘神茂和徐思玉都成了侯景身边的红人。

韦黯哪里知道这一切从一开始就是一个圈套。侯景刚一进城就反客为主，命令他的部下控制住四个城门，对韦黯凶狠地破口大骂，把他抓起来打算斩首。在暴跳如雷了一阵子之后，侯景又突然拊掌大笑，把韦黯放了，并且摆设酒席款待韦黯，频频跟他碰杯喝酒，尽欢而散。

侯景这人真是怪胎一个，其言行经常反复无常，让人莫名其妙，不像个正常人。

从此，寿阳便成了侯景的大本营，他在这里积蓄物资和力量，将南梁翻了个底朝天。

侯景后来之所以能把南梁搞得一塌糊涂，首要原因就是有梁武帝萧衍对侯景的盲目信任和毫无原则的支持。不知道萧衍到底喜欢侯景的哪一点，即使知道侯景战败后一无所有，也还是日盼夜盼侯景快点儿来投靠自己。

侯景在擅自占领寿阳后，按照刘神茂教他的套路，主动派人到建康向萧衍报告自己的战败消息和抢占寿阳城之事，请求萧衍处分自己，主动要求贬官削职。萧衍接到侯景请求处分的报告后，不但没有对他抢占寿阳这么过分的事情追究责任，反而写信对他好言安慰，对他投奔梁国表示热烈欢迎，明确表示不削职、不降爵、不处罚，嘱咐他千万不要有思想包袱。

侯景肯定暗自好笑，碰到了一个如假包换的老傻子。

在处理侯景的问题上，萧衍简直是要多傻有多傻。他见侯景抢了寿阳，索性进一步遂他所愿，直接任命他为南豫州刺史。既然你抢住了我家房子，那我就好人做到底，一并把房产证也过户给你吧，让你真正成为这里的主人。这是什么理？世上没这种荒唐的道理。这就跟一个流氓强奸了一个女人，这个女人不但不去告发他，反而主动嫁给这个强奸犯一样可笑。这太没有原则了。

本来萧范已经被任命为南豫州刺史了，他几乎都已经走到了寿阳城下。为了侯景，萧衍下令萧范原地向后转，去今天的合肥，担任寿阳南边的合州刺史。

自从侯景占领寿阳，南梁亡国的祸根便开始埋下，这个破坏力强大的祸根经萧衍的一再培土、浇水、施肥后，快速疯长，最终酿成了惊天祸乱。其实发生在南梁朝的这场大规模的惨祸是完全可以避免的，只要当时梁国的最高领导萧衍处理问题时言而有信，不草率、不轻佻，侯景之乱是有可能不发生的。

侯景之乱的导火索是萧衍前一年草率对东魏发动的寒山之战的后遗症。那一仗萧渊明不是被俘虏了吗？就是这纨绔小子变成了导火索。

萧渊明虽然成了战俘，但由于他的特殊身份，没有被当成战俘对待。东魏朝廷知道这是条大鱼，一直好吃好喝好玩地供着他，指望着有朝一日能派上大用场。

当时东魏面临的形势比较紧张，灵魂人物高欢新逝，老对手西魏总是在黄河边上挑起事端，一心想越过黄河，扫平洛阳。在这种紧张局面的压力下，高澄不想再跟南边的梁国搞出事端了，否则两面作战会让自己吃不消，所以他主动低声下气地向南梁示好，多次派出使者请求恢复两国睦邻友好的外交关系，但萧衍因为寒山之战怀恨在心，毫不理会高澄伸过来的橄榄枝。

于是高澄找到萧渊明，叫他给皇帝叔叔萧衍写封信，告诉他，如果萧衍答应和东魏重新修好，就将萧渊明和其他俘虏全部放还回国。萧渊明觉得这条件太好了，只要叔叔一答应，自己就又可以回家继续喝酒了。他赶紧给叔叔写信，希望南梁朝廷考虑高澄的建议，以便自己能早日回国。信写好后就派夏侯僧辩南下送到建康。

萧衍看到侄子写的这封信后，哭得涕泪交加，哪有不答应的道理？当即回信答复，表示愿意接受和解，重建两国亲善关系。本来东魏、南梁两国握手言和是件挺美的事，省得互相仇视，打仗死人，把军费和精力都省出来，发展生产，为百姓创造美好生活，让民众增加幸福感，多有正能量啊。但遗憾的是，这事被侯景知道了。侯景一介入，好事就变成了坏事。

侯景得知这个消息是因为他抓住了夏侯僧辩。夏侯僧辩从南梁返回东魏时，从寿阳经过，侯景把他逮住了，一顿酷刑，夏侯僧辩把一切都原原本本地交代了。

听说萧衍要跟自己的死对头高澄互加好友，侯景不乐意了，他给萧衍上书，强烈反对这项决定，说自己跟高氏有深仇大恨，现在仰仗你的保护才安然无恙，如果你跟高家和解，你俩互粉了，我咋办？我是从高澄那里跑过来的呀！你把我置于何地呢？侯景担心两国恢复友好后，自己再次落到高澄手里，所以他对这项决定极度担心和抵触。

萧衍让侯景尽管放宽心，“朕与公大义已定，岂有成而相纳，败而相弃乎！”萧衍对侯景说的话无懈可击，也符合身份。他让侯景把心放在肚子里，说虽然你以前是魏人，但现在你我是梁国君臣关系，怎么会有当你成功时欢迎你，当你失败时抛弃你的道理？

皇帝都这么拍胸脯保证了，按理说，侯景应该放心了吧。但侯景就是不相信萧衍的承诺，觉得两国和好之日，便是自己命终之时。为了自己的前程和性命，他只有一个愿望，那就是阻止萧衍和高澄握手。所以尽管萧衍给他承诺了，但他依然继续派人去建康上奏，要求朝廷放弃双边通好决定。

看他的奏折，字里行间充满对未来的恐惧，“今陛下弃臣遐外，南北复通，将恐微臣之身，不免高氏之手。”侯景这时候的态度多么卑微，真的是乞求萧衍了，他一门心思地认定，一旦两国恢复邦交，自己偏居远离京城的寿阳一隅，定然难逃高澄残害的毒手。

萧衍耐着性子又向他做了一次保证：“朕为万乘之主，岂可失信于一物！想公深得此心，不劳复有启也。”从回复中已经能看出萧衍很不耐烦了，他明确告诉侯景，以后不要再上奏章了，烦着呢，怎么老为同样的问题纠结个不停。这一次，为了让侯景安心，萧衍又信誓旦旦地承诺说，我作为天下万民之主，怎么会在这件小事上失信？

要说这个侯景，真是与众不同，不知道应该说他精明还是应该说他多疑，换作别人，皇帝都几次亲口保证了，还有啥不信的？但侯景就是不信皇帝萧衍的承诺。他决定搞一次测试，冒充东魏朝廷给萧衍写了一封信，请求用侯景交换萧渊明。信中提出，如果梁国将侯景交给东魏，那么东魏就立即把萧渊明送还给梁国，问萧衍答不答应这个条件。

萧衍接到这封伪造的东魏函件后，想都没想就答应了以侯景换侄儿的条件。但对于这个互换条件，梁国朝廷是有争议的，不少大臣反对萧衍这么做。

通事舍人傅岐明确表示反对：“侯景以穷归义，弃之不祥；且百战之余，宁肯束手受絷！” 傅岐认为做人要厚道，他说侯景是在穷途末路的时候投靠梁国的，朝廷刚收留他又要抛弃他，这不合适，不道义。他提醒萧衍，侯景身经百战，是在血火交加的战场上踩着对手的尸体一步一步走到今天的，绝非等闲之辈，不可能老老实实地束手就擒。

傅岐的意思很明显，他告诫最高领导，这事咱不能干，最好别去招惹侯景这匹狼，弄不好就会被狼咬伤。傅岐还真是有先见之明，可惜他人微言轻，萧衍不听他的。

萧衍喜欢听谁的话呢？前面已经说过了，朱异呀。朱异极力支持以侯换萧，且对侯景嗤之以鼻："景奔败之将，一使之力耳。" 朱异认为傅歧太高看侯景了，不屑一顾地说，侯景是仓皇逃窜来的败军之将，能有什么力量？他要是敢闹乱子，朝廷只需要派一个使者去，就能轻轻松松地将其制服。

听朱异这么一忽悠，萧衍觉得是这么回事，换换换，就这么定了，当即给"东魏"回了一封信："贞阳旦至，侯景夕返。"萧渊明的封爵是贞阳侯，萧衍喜悦地向对方承诺，萧渊明早上归来，侯景晚上回去。这答应的，口气杠杠的，跟朝发夕至的列车一样准点。

可以想象侯景收到萧衍这封回信时愤怒和失望的心情。他气得咬牙切齿，大骂萧衍："我知吴儿老公薄心肠！"我早就知道这个南方老家伙心肠恶毒！侯景说萧衍心肠恶毒，那是贼喊捉贼，言过其实。要论恶毒，没人能比得了他侯景。只是至少在这件事上，侯景生气是有理由的，因为萧衍多次向他保证，绝不会抛弃他，绝不会把他送到东魏，但话音未落就出尔反尔，把庄重的承诺抛到九霄云外。这种丝毫不讲诚信的行为，是不应该发生在帝国最高领导身上的。

而且，萧衍在处理侯景伪造的东魏来信事件上非常愚蠢，缺乏智商。其实只要稍微分析一下，就不难发现这个萧、侯互换条件突兀诡异，不符合常理。

高澄那边一开始就提出送还萧渊明以换取梁国的交好，也就是说，萧渊明并不是被东魏无条件释放的，而是附带了条件的，这个条件即梁国和东魏建立友好外交关系。如果从外交利益来看，东魏是零成本的大赚，因为他们提供的砝码萧渊明本来就不是他们国家的，现在把这个人送回去，不但为自己赢得了双边和平发展利益，而且以后再也不用为这个俘虏支出伙食费了。

所以，东魏早就在眼巴巴地盼望着南梁接受以萧渊明换和平的计划，怎么可能又突然提出以萧渊明换侯景的附加条件？东魏因为西魏月月年年日日地揪住自己摔打而烦着呢，巴不得萧衍马上就跟自己签订友好协议，好丢开南面淮河边境，一门心思地去对付黄河北边的敌人。在这种有求于人、条件悬殊的情况下，东魏作为弱势一方，是不可能也不敢随意加码的，怎么可能在事先已经谈好条件的情况下，又突然增加条件？况且，萧渊明本人也通过亲笔信告诉萧衍，只要叔叔答应和好，自己就能安全回国。

不知道萧衍为什么对这些细节视而不见，又为什么对侯景伪造的这封漏洞明显的信件浑然不觉。我都不想说他是老糊涂了，因为说的次数太多了。

友谊的小船说翻就翻。在收到萧衍的回信之前，侯景对梁武帝萧衍并没有生出二心，他一心希望梁老大罩着他，带他玩，别把他甩了。但自打收到那封“朝发夕至”的回信后，他对萧衍彻底绝望，“于是始为反计”。就是从这个时候开始，侯景决定造反，因为他认为，跟着萧衍，自己早晚死路一条，与其等死，不如反了，兴许还能死里逃生。

打定造反的主意后，为了收买军心，侯景马上在寿阳范围内实施先军政治，一切优惠条件向军人倾斜。他把他统治区域内的成年男性居民征召进军营当兵，然后把民间所有男童和女人抓走，男童作为奖品发放给将士当奴仆，女子则发配给将士当妻妾。

这是侯景投靠南梁后，第一次大规模、大范围地祸害百姓。而这个事件只是一个小小的开头，南梁民众后面的灾难接踵而至，滚滚而来。

生出造反之心后，侯景就一直在为实现目标而不停地努力，他不断向南梁朝廷提出拨发各种军事物资的要求，以便把这些物资储备起来，作为将来造反的本钱。

对于侯景提出的所有要求，萧衍都给予满足，要什么给什么。侯景上疏请求朝廷发给他一万匹布为将士制作军服。一万匹，多么巨大的数量！人家西魏分期按揭几十年都没给清，但萧衍仗着家大业大，大手一挥，给！

弄到布绢以后，侯景又打报告说寿阳军士的武器装备太旧太破，需要熔旧铸新，武器升级，希望能征调国家冶铁中心的工匠到寿阳来，专门为寿阳军区的士兵制造武器。这个要求简直是太过分了，也只有侯景这种贪得无厌的人才好意思提出来。但面对这种几乎不可能通过的要求，萧衍竟然也同意了。一大批国家级能工巧匠为寿阳军士打造了一大批锋利耐用的高质量武器，几个月后，侯景就带着这些快刀利剑实施了建康大屠杀。

不过，也有一个要求，萧衍实在没办法满足侯景。侯景请萧衍做媒牵线，给他娶一个王姓或谢姓人家的女儿做妻子。这个问题让皇帝萧衍太为难，萧衍跟他讲，别的事都行，唯独这事办不了。“王、谢门高非偶，可于朱、张以下访之。”倒不是萧衍嫌侯景既矮且丑又瘸，实在是因为门不当户不对。

那时候虽说有才的寒门人士能得到晋升提拔和向上流动的机会，但门第观念还是具有相当强大的市场的，旧时王谢堂前燕，王家书法谢家诗。魏晋以来第一等高门的王家和谢家的女儿，一般的王侯之家都不容易攀得上，侯景那样一个外来的破落户怎么可能娶到人家的女儿？就当时的社会婚恋情况而言，侯景这是名副其实的癞蛤蟆想吃天鹅肉，不自量力，自取其辱。

不过萧衍没有说得这么难听，但也是很直白地告诉他趁早死了这份心思，说王家和谢家门第太高，你配不上。要是实在想找一个有身份的佳偶，你不妨再稍微向下兼容，在朱家、张家这样的门第中物色一个女子。萧衍建议侯景在朱异这个层级上活动活动，说不定还能成。

侯景心里恨死朱异了，哪还想找姓朱的做老婆？前段时间为了不让梁国跟高澄接洽，侯景特地送了三百两黄金给朱异，他知道朱异的话很管用，希望他看在黄金的面子上，为自己说说话。没想到朱异把黄金收了，却一句话都没帮他说，甚至连侯景托他交给皇帝的奏折他都没送上去，直接当垃圾扔了。

因此侯景特别憎恨朱异，他在起兵造反时打出的借口就是“清君侧”，说要替老糊涂了的皇帝清理身边的大奸臣朱异。当然，这只是侯景的借口而已，没有朱异，他也会找出王异、马异、赵异当借口的。不过朱异这黑吃黑的行为真是太贪了，三百两黄金一口吞下去，连饱嗝都没打一个，闷着嘴巴不吭声，拿了人家的钱却不给人家办事，这格调真是连黑社会都不如，太不符合规矩，人家盗贼还讲究“盗亦有道”呢。梁武帝萧衍作为一个大国之君，跟这样的贪婪小人如胶似漆，不出事才怪。

侯景因为求婚的事被萧衍怼得暴怒异常、无地自容，他气得咬牙切齿地发誓说："会将吴儿女以配奴。"这是侯景恼羞成怒后所发的毒誓，他说总有一天，他要把王谢家族的女儿发配给奴隶做妾，叫你们高贵骄狂看不上我！后来建康城被攻破后，侯景果然对王谢两大家族的女人极尽侮辱，对男人则疯狂屠杀，导致王谢这两个一等门第世家大族几乎被灭门，由盛转衰。

不仅是王谢家族，整个士族集团都因为侯景的疯狂杀戮而变得一蹶不振，此后，本来欣欣向荣的士族集团变得日暮西山，逐渐隐没于历史深处，到唐朝中期的时候，魏晋以来流行的那种士族主导模式便被彻底颠覆了，再也没有"王谢"之类的士族垄断局面产生。

侯景这次求婚虽然没有成功，但萧衍回复他的"王、谢高门非偶"中的"王谢"二字从此变成了一个专指高门望族、阀阅之家的专用词组。后来大家熟知的"旧时王谢堂前燕""帘卷燕飞王谢堂""若教王谢诸郎在"等诗词里的"王谢"词组，都是打这儿出的。要不是侯景这么厚脸皮地一求和萧衍这么随口地一怼，也许就没"王谢"这个特定词语了。

从现在留下来的大量历史资料来看，给南中国带来毁灭性破坏的侯景之乱是完全可以避免的，只要萧衍稍微重视一点，把侯景的问题拿上台面随便处理一下，侯景的叛乱就会被消灭在萌芽状态，无数苍生就不会妄遭涂炭之灾。侯景的这次本来可以防患于未然的叛乱，只因为帝国领导萧衍一个人的昏聩，由火药变成火星，再由火星变成火苗，最终形成燎原之势，烈焰冲天，烧毁了南梁的文明与繁华。

算起来，南梁政府至少有三次机会能以正当的理由逮捕侯景，将他斩首或驱逐出境，完美消灭祸乱源头。

第一次是咸阳王元贞的报警。元贞是流落到南梁的北魏皇室成员，侯景之前曾向萧衍建议，北伐成功后，由元贞任北魏国皇帝，称藩梁国。萧衍同意了这个主意，便派侯景护送元贞打到北方去，只要夺下洛阳或长安，元贞就登基建国，到时候侯景就是位高权重的全国武装部队总司令。当时萧衍都已经提前赏给了元贞一套皇帝专用仪仗，只等着北方一声炮响，成功夺取政权了。

元贞在寿阳天天跟侯景待在一起，看出侯景在积极筹划反对南梁朝廷的叛乱，他吓坏了。他觉得自己是跟侯景密切关联着的，侯景要是造反，皇帝肯定以为自己参与了谋反策划的全过程，那自己就死定了。元贞心里透亮透亮的，就凭寿阳这万儿八千个士兵，造反，那不等于找死吗？

元贞的这种想法是正常人的正常反应，这个时候，只有疯子才会觉得侯景的谋反会取得成功，毕竟力量太悬殊了，所以元贞想赶快离开寿阳这个是非之地，跟侯景撇清关系。他多次给萧衍打报告，强烈要求回到建康。

侯景听说元贞想离开的消息后，很不高兴地劝他不要离开："河北事虽不果，江南何虑失之，何不小忍！"侯景摆出一副教训元贞的口气，批评他目光短浅，说送你到黄河以北做皇帝这事虽然没有成功，但长江以南的大好机会你根本不用担心。能不能少安毋躁，有点理想、抱负、追求好不好？再稍微忍耐一小段时间，你就能实现王者荣耀的梦想了。

元贞当然不听侯景的洗脑，依然锲而不舍地给萧衍打报告，终于如愿以偿地回到了都城建康。刚一回来，元贞就把侯景正在准备谋反的机密消息汇报给萧衍。臣下要谋反，这是多大的事啊！作为皇帝，最痛恨的就是有人谋他的反。但萧衍真是个奇葩，他对元贞汇报的确凿无疑的谋反行为无动于衷，充耳不闻，不派调查组去寿阳调查核实情况，也没有派军队去寿阳监视侯景，更没有采取一劳永逸的措施，直接把侯景调回建康控制住。

第二次报警的是在合州驻军的鄱阳王萧范。萧范是萧衍的弟弟萧恢的儿子，对朝廷当然忠贞不贰了。他侦察到侯景正积极准备谋反的情况后，飞马向朝廷汇报。萧衍不仅对侄子的报警无动于衷，还把侄子骂了一顿，认为他是没事找事："景孤危寄命，譬如婴儿仰人乳哺，以此事势，安能反乎！"在萧衍眼里，侯景就是个没有任何攻击别人实力的弱小婴儿，孤单羸弱地靠南梁保护，性命完全捏在朝廷手里，好像一个仰着头，期待别人喂奶养活的小屁孩，这种形势下，他怎么可能谋反呢？

萧范不顾萧衍的批评呵斥，依然坚持自己的判断，继续向朝廷示警，说如果不及早除掉侯景，以后灾祸定将延及黎民百姓。面对侄子持续不断的报警，萧衍生气地说：“朝廷自有处分，不须汝深忧也。”侯景的事怎么处理，我自有安排，不需要你来多嘴。完全把萧范的一番好心当成驴肝肺了。

于是萧范退而求其次，跟萧衍说，我离寿阳很近，不需向朝廷要人要物，自己带着合州本部人马去讨伐侯景，让他反叛的计谋难以得逞，为朝廷分忧，这样总行了吧？但即使这样，萧范的请求照样得不到批准，只能眼睁睁地看着侯景昼夜不停地在为谋反准备着，忙碌着。

当最后一次报警电话被萧衍视若无睹地挂断时，就预示着萧衍的一切都即将无可避免地终结，包括皇位，包括幸福，包括国家，包括生命，都会快速地终结于侯景这个他打心眼里不相信会造他的反的破落外来户。

第三次报警的是羊鸦仁。羊鸦仁当时担任司州刺史。司州即今天河南省最南端的信阳市，位于寿阳的西边，跟寿阳处在一条延伸线上。侯景觉得如果羊鸦仁能跟他一起造反的话，那这一大片地区就都联动起来了，成功概率将得到极大提高，所以他遣使司州，邀请羊鸦仁加入自己的造反大业。

羊鸦仁咋可能跟他干这种不靠谱的事？他立马逮捕来使，将其押解到建康，向皇帝举报侯景谋反之事。这回人证物证俱全，侯景的谋逆大罪应该是能坐实了吧。萧衍的反应是怎样的呢？高声责骂侯景忘恩负义、恩将仇报还是即刻发兵奔赴寿阳取侯景的项上人头？都没有。萧衍没有任何惊怒的反应，只是下令将那个寿阳使者关进监狱，但不久之后又将他放了，让他安全回到侯景身边。

这真是奇了怪了，从来没见过对臣下谋反如此无动于衷的皇帝，人家皇帝对啥事都能忍，调戏他妃子可能他都能忍，唯独不能忍的就是臣下谋反。要不怎么皇帝特赐给功臣的丹书铁券那类免死护身符都有一条“谋逆除外”的附注说明呢。虽然那个牌子在犯死罪的时候亮出来能免除死刑处罚，但在造反被抓之后就无效，菜单里没这项功能，亮一百次牌子都没用，照样杀无赦，因为皇帝对觊觎自己皇位的谋反者向来都是零容忍的，而且还会大搞亲属连坐，一人谋反，全家“光荣”。

但反观梁武帝萧衍，简直是太让人难以理解了，侯景谋反的事证据确凿、铁板钉钉、毋庸置疑，作为谋反行为的第一受害人——皇帝，他却始终熟视无睹，不予处理。不知道他是哪根神经短路了，对侯景这件事情的处理纯粹是负分，危机意识太差。

连侯景本人都因此而看不起萧衍了。他怎么也想不到，在自己派去劝别人造反的使者被扭送到朝廷的情况下，萧衍依然不对自己采取措施，搞得他都不知所措，产生错觉了，以为他怎么闹，萧衍都不会对他动用武力。所以，当他派去邀约羊鸦仁的那个使者毫发无损地回到寿阳后，侯景更来劲儿了，给萧衍上疏，倒打一耙，控告羊鸦仁诬告冤枉自己：“若臣事是实，应罹国宪；如蒙照察，请戮鸦仁！”

侯景这人真是典型的厚黑人物，脸皮厚，心肠黑。他一副满腹委屈、身正不怕影子歪的流氓表情，义正词严地向萧衍申诉说，如果我谋反是事实，那我心甘情愿接受国法制裁；如果陛下明察秋毫，就知道这是羊鸦仁故意针对我的诬陷，请你主持公道，诛杀诬陷大臣的羊鸦仁！

“贼喊捉贼”这个成语，用在这里可以跟侯景无缝对接。现实生活中不乏侯景这样的人，明明自己做了亏心事，心里有鬼，但为了达到不可告人的目的，故意公开响亮地大声喊冤，搞得一些不明真相的群众还真以为他有多冤。

还好，萧衍还没有昏聩到那种老年痴呆的地步，对侯景提出杀死羊鸦仁的要求置之不理。侯景见目的没有达成，又见萧衍软弱可欺，居然搞起了恐吓手段，他叫萧衍把寿阳所在的长江以西之地，就是今天的安徽省中部及湖北省东部地区这么一大片地方，全都交给他管辖。

这都不是向皇帝要官当的问题了，而是明目张胆地要求独立，搞国中之国了。你把这块地盘交给我，让我当老大，其他的事你别管。侯景怕萧衍不同意自己的要求，还恶狠狠地对萧衍扬言说:“如其不许，即领甲临江，上向闽越。” 这完全是跟皇帝玩黑社会恐吓那一套。你要是不答应，我就率领铁甲骑兵，南下长江，攻打福建广东地区。

看南朝梁这段有关萧衍和侯景的历史情节，会多次让人产生不可思议的感觉，因为很多事情的发生在其他朝代完全难以想象，怎么也不可能发生的。像侯景恐吓要挟萧衍这件事，可以说是闻所未闻。古代历史上，边将权臣恐吓要挟皇帝的事情确实发生过很多次，但都是在权臣当道，山河破碎，中央政府积贫积弱，无力控制地方诸侯的情况下发生的，而在萧衍的时代，中央集权还是很完整的，政令畅通，皇权有力，按道理说是没有蔑视朝廷、要挟中央政府的环境和土壤的，但侯景就这么做了，不知道他到底凭什么这样张狂。

论军事实力，朝廷大军只要一出动，立刻就能三百六十度无死角地碾平寿阳。以当时侯景的力量，简直不能跟萧衍提“相比”这个词，因为他不配，两人根本不是一个量级上的，一个坐拥天下，一个困守一城，没法比。在各种条件都对比悬殊的状态下，侯景却一再挑衅萧衍，分析一下，无非有两种原因：一种原因是侯景傻，傻到不自量力，不能正确认识自己的水平和能力，不知道萧衍这头大象虽然对他温顺如羊，但一旦暴躁起来，一脚就能把他踩死；另一种原因是侯景认为萧衍傻。通过几次过分的越界事件都没有得到处罚的实际情况，侯景完全有可能认为萧衍就是个看不清事实真相的老傻帽，很好欺负，向他提什么条件他都有可能答应。

后来的事实证明，这两种原因兼而有之。要不是有点儿傻，侯景也不至于提出那么过分的要求。自古以来，臣下造反都是暗暗准备，偷偷策划，突然举旗起兵的，只有他，就那么点儿人马，还扯着嗓子老远就跟皇帝喊，再不答应条件，老子就要造反了啊！皇帝要是换成什么秦衍、刘衍、李衍、爱新觉罗衍，有敢这么嚣张跋扈、以下犯上的臣子，说完这话之后也就不会再有机会说话了，绝对会被朝廷派兵捉拿秒杀的。

只有萧衍的处理与众不同，他听到侯景的抱怨和恐吓后，非但没有生气地派兵去攻打侯景，反而进行了自我检讨："譬如贫家畜十客五客，尚能得意；朕唯有一客，致有忿言，亦是朕之失也。"萧衍要是能以这种高风亮节的态度对待梁国百姓就好了，这样的话后来百姓也不至于因为生活困苦和官僚暴虐到处造反了。

对侯景，萧衍似乎是魔鬼附身，面对侯景那么赤裸裸的威胁，他居然检讨自己，认为是自己做得不够好、不够完美，才让侯景这么生气、这么嚣张的。而且道理还讲得一套一套的，说民间一个贫苦人家养五个、十个宾客都能使他们满意，而我作为富有四海的天子，只有一个客人，却还让这个客人心生不满、心怀芥蒂，这不是他的错，错在我，是我这个皇帝对客人照顾不周。

有了这种对不起侯景的心理之后，萧衍开始了对侯景赎罪似的补偿："益加赏赐锦彩钱布，信使相望。"萧衍下令将国库中大量的锦缎、钱财和布匹赏赐给侯景，这些贵重丰厚的物资源源不断地运往寿阳，建康和寿阳之间，信差使节你来我往，络绎不绝，走动得比亲戚还频繁。

这可把侯景乐坏了，他想不通啊，这是怎么了？一个铁了心要谋反，并且都已经开始了实际行动的人，得到的朝廷送来的金钱财物竟然比以前没想谋反时还多？这不科学，不正常呀！

在生命的暮年，萧衍已经变得不正常了，把掘墓人当成守护神的荒唐，更显示出他的有眼无珠。如果在中国古代所有皇帝中进行检索比对，我们会发现，有一个皇帝跟萧衍的相似度特别高，这个皇帝就是唐玄宗李隆基。

萧衍和李隆基两人的共同点特别多。两人都是靠政变上台，一个干掉了萧宝卷，一个放倒了韦皇后。而且两人都是少有的长寿皇帝，李隆基活了78岁，萧衍活了86岁，都是长寿皇帝排行榜上的人物。两个人的在位时间也差不离，唐玄宗做了45年皇帝，梁武帝当了48年皇帝。在古代在位时间最长的十大皇帝评选中，他俩都高票当选。

如果仅是这些地方相同，也算不上神奇，不值得本人特地单独将两人拿出来对比。最神奇的地方是，当政期间，两人都是先贤明能干，后昏聩糊涂；都是执政初期国家欣欣向荣，朝气蓬勃，帝国登上了一个小高峰，末期则朝纲混乱，民不聊生，治下出现了一个大奸臣。唐朝出现了安禄山，梁朝出现了侯景，分别搞出了安史之乱、侯景之乱。最最神奇的是，这两个老皇帝对安禄山、侯景这两个始作俑者的处理方法居然也高度吻合。

李隆基对安禄山也特别信任，跟萧衍对侯景一样。侯景要造反时，那么多人向萧衍汇报，萧衍都不相信。安禄山造反前的情形跟侯景这个情节完全一样，也是许多人跑到朝廷紧急报信，说安禄山要反了，朝廷赶紧备战吧。结果你猜怎么着，李隆基说啥也不相信安禄山会反，把那些报信者全部抓起来送到安禄山的军营，让安禄山自己处置，说这些人别有用心说你要造反，我不相信你会造反，觉得他们是造谣，你自己看着办吧。

萧衍跟李隆基唯一的不同之处是，他没给侯景送人，光顾着送东西了。这些无私援助的物资，后来都成为侯景攻打建康的保障力量。这两个老皇帝，大哥二哥谁也别说谁，都是心里没数、识人不清、忠奸不分的糊涂虫。尤其是萧衍，表现更甚。

其实在萧衍大把大把无条件地向侯景运送军需时，侯景已经正式开始了造反之路。他一边接受着萧衍的赞助，一边跟萧衍身边一个十分亲近的人秘密串联，表示愿意起兵推翻朝廷，拥立这个人为帝。

这个人会是谁呢?

第五章　长江偷渡

南朝的侯景之乱是中国古代一次巨大的灾难，对中国古代社会造成的伤害贻害深远。我已经多次说过，侯景之乱是一次完全可以避免的灾难，因为这不是无法预知的天灾，而是可以管控的人祸。在这场灾祸发生前，南梁有很多次阻止侯景之乱发生的机会，也有足够的力量去阻止，但可惜的是，每一次的机会都没有抓住，强大的军事实力都没有被有效使用。

而决定所有机会与力量的关键人物就是梁武帝萧衍，只要他稍微重视一下侯景的反叛问题，这场大乱就不会发生。根据当时的力量对比，即使萧衍一而再再而三地误判形势，依据侯景那点儿少得可怜的兵力，想攻进深沟高垒的建康都城，那也是不可能发生的奇迹。

然而，事实上奇迹真的发生了，侯景最终站到了建康城的最高点，成功控制了南梁帝国的心脏。

为什么不可能发生的奇迹却发生了？原因并不是侯景有多狠多牛，而是建康城里有一个人给他当卧底，里应外合帮助他实现了进城梦。这个人，就是侯景谋反之前特意秘密串联的人——临贺王萧正德。

萧正德的荒唐与无良大家都已经见识过了，这人身上其实明明白白地贴着个坏人标签，只有萧衍看不见罢了。侯景就比萧衍精，他一眼就相中了坏中透着傻的萧正德，觉得这家伙身份特殊，位置重要，智商偏低，属于优质二百五资源，可以好好开发利用。

别看侯景又矮又丑，但点子很多，智商甩浓眉大眼的萧正德几条街。他瞅准了萧正德的心理，以仰望星斗的低姿态和假装出来的崇拜心理，恭恭敬敬地给萧正德写了一封信。信中通篇为萧正德打抱不平，说你本来应该是太子的，却被年老昏庸的皇帝无故中途废黜，现在奸臣乱国，朝纲不振，天下百姓议论纷纷，人心都归向临贺王。

侯景也真是能扯，撒谎不眨眼，萧正德臭名远扬，民间哪有归心于他的人？但侯景不管这些，他只想用好听的话把这个重要的皇家成员灌晕，听从自己的摆布。于是吹牛继续升级，说我是你的铁粉，普天之下就服你一个，多年来一直在寻找为你效劳的机会，如果你不嫌弃我，我愿意肝脑涂地、赴汤蹈火为你服务，把你送上皇帝的宝座！

萧正德收到这封信后，心里跟灌了蜜似的，觉得自己的形象一下子高大了起来。没想到自己竟然有这么大的魅力，人不在江湖，江湖上居然还有我的铁杆粉丝，而且还是大V级别的粉丝。他喜出望外地给侯景回信说，你的想法跟我的想法不谋而合，我早就想这么干了，现在正是难得的好时机，你快点儿动手吧，我在朝廷为你接应。

萧正德对这项造反大业无限期待，他信心十足地告诉侯景："今仆为其内，公为其外，何有不济！"你尽管放开膀子干，我在宫城里负责内部事务，你负责在外面攻城略地，只要我俩内外配合，何愁大事不成！

瞧萧衍以高贵的郡王待遇豢养的这只白眼狼，吃萧衍的饭，砸萧衍的锅，典型的吃里爬外。他享受着郡王的待遇，却干着叛徒的活儿，萧衍却浑然不知。南梁政权晚期，像萧正德这样的蛀虫太多，尤其是朝廷里，遍地都是。正是他们，日夜不停地一步步将梁国大厦的承重大梁蛀断掏空，终致这座曾经恢宏壮丽的大厦倾覆倒塌。

当然，萧衍自己也算得上是一只大号蛀虫，他不但使大量的国家财富流到了佛寺，而且和风细雨、润物无声地为满朝蛀虫创造了最适宜的生产繁殖环境，最终作茧自缚。

得到萧正德的热烈回应后，侯景觉得自己可以动手了。太清二年（548年）八月初十，侯景开始了自己的造反历程。

侯景首先出兵攻下了距寿阳不远的马头。马头跟马没关系，这是一个城市的名字，即今天的安徽省寿县西北地区，当时是淮河南岸的戍守要地。马头的城防司令曹璆最倒霉，侯景拿他开头炮，还把他生擒活捉了。

军情传到皇宫后，萧衍扑哧一声响亮地笑了，“是何能为！吾以折棰笞之。”遥想当年萧衍初次听到侯景造反消息时的表情，一定是在轻蔑大笑的同时伴随着极度的不屑。他鄙夷地嘲笑侯景说，他能蹦跶出个什么结果？我随便折根树枝就能把这个小蟊贼打死！并马上调兵遣将，分别任命裴之高、柳仲礼、萧范和萧正表四人为都督，要求他们从东、西、南、北四个方向包围寿阳，消灭侯景。四位都督之上还有一位统率他们的总指挥——邵陵王萧纶。萧纶是萧衍的第六个儿子，也是属于混世魔王级别的，派他当总指挥，只能呵呵了。

侯景得知朝廷派四路大军来攻打他的时候，心里有点儿害怕，他担心自己落入四面被围的困境，便问军师王伟有没有化险为夷的妙计。王伟，这个名字挺有意思，是中国重名率很高的几个超级火热的名字之一，属于爆款型的。在2014年的“中国人重名最多的姓名TOP30”排行榜中，王伟这个名字排第二，排第一的叫张伟，排第四的叫李伟。看来不管是古人还是今人，都喜欢“伟”字。

但这个王伟是不太讨人喜欢的人，他专帮侯景出坏主意，如果不是他这个臭皮匠，侯景的造反路走不了那么长，或许根本就不会造反。王伟给侯景分析了一番形势，很悲观地指出，萧纶大军到达寿阳之日，便是我们的末路。侯景不服气地说，那也未必吧，到时咱们跟他拼死干一场。王伟说，他们那么多人，咱们干不过的，最后的结果是战与不战都是死路一条。听军师这么一说，侯景的心拔凉拔凉的，但转瞬就又热乎起来，因为王伟又给他献上了一条看上去很美的计策。

王伟的这条计策打的是出其不意牌，但同时伴随着极高的风险，在计谋实施过程中，只要其中的任何一个环节出现失误或不顺，包括生命在内的一切都将不复存在。这条计策在当时来说，真的是惊世骇俗，难以想象。他建议侯景放弃寿阳，然后率领轻装骑兵，疾驰向东，直接杀向建康，利用萧正德的内应关系，夺下梁国都城！

以当时的实际情况看，王伟的这个建议简直是不可能完成的任务、不可能实现的目标。侯景只有八千人，却要去攻占一个庞大帝国的政治中心，这都不是野心家敢想的事，只有疯子才敢这么想。寿阳离建康好几百里路，光是畅通无阻地长途奔过去都累得够呛了，还想攻城打仗？何况中间还有阻挡他们前进的城池和浩荡的长江，怎么可能到得了建康城？

不过侯景那时候已经没有选择的余地了，要么在寿阳等死，要么出击建康求死，反正都是死，等死不如求死，兴许求死过程中能中大奖而不死呢？抱着这种心理，侯景决定冒险一搏，带领军队，单刀直入，迅速插向南梁帝国的心脏地区。

侯景懂得兵贵神速的道理，他说干就干，九月二十五日，当朝廷四路征讨大军还在慢吞吞地赶往寿阳的时候，他却神不知鬼不觉地带着军队风风火火闯建康去了。当然，侯景走的时候，寿阳并不是空城，他留下了自己的表弟守卫寿阳城，跟表弟说自己出去打猎，等打了野味回来请他吃火锅。然后带着人马，悄悄出了寿阳向东急行。

一周后，侯景出现在合州附近，扬言要攻打萧范担任刺史的合州。合州因为侯景的到来而进入紧急战备状态，全城厉兵秣马等着侯景前来送死。侯景怎么可能做那种傻事？合州可不是马头那样的小城，八千人打光了顶多也就只能在城门口转圈，其他指望是没有的。本来他说打合州就是假的，只是声东击西之计。当周围所有的梁军都以为侯景要对合州动手的时候，侯景却突然原地大角度转身，挥兵杀向合州东边的谯州。

谯州刺史萧泰是萧范的弟弟。这家伙也是个愚蠢的官三代，直到被侯景俘虏的时候，他还在奇怪侯景为啥跑到他的地盘来了，不是说好的攻打合州吗？他还准备在战场外围吃瓜看戏呢，怎么一眨眼就成侯景的阶下囚了？

占领谯州以后，侯景又马不停蹄地折向东南方向，顺利打下了历阳郡。历阳是古代地名，现在这地方叫和县，是安徽省马鞍山市下辖的一个县。和县的地理位置在长江西边，紧邻着长江。在和县的江对面，是当涂县。这两个县现在都属于马鞍山市，但它们本身的历史比管辖它们的马鞍山市悠久多了，马鞍山是因钢铁立市，1956年才设立的，南朝的时候，只有历阳和当涂。

江东的当涂境内有一个名声响亮的著名景点叫采石矶，这个地方之所以大名鼎鼎，不仅是因为风景优美，有数不清的著名诗人为之忘情吟咏赞颂，更重要的原因是，采石矶简直就是一个战时专业渡江登陆点，古代的很多战争都围绕着强渡采石矶展开，一方要过江，一方不让过江，双方在采石矶来回厮杀，鲜血无数次染红了这段江面。

像孙策争夺根据地的定江东之战、隋朝大军扫平南陈之战、南宋和北方金国的登陆与反登陆之战、朱元璋和元兵的渡江大战等影响历史的决定性战役，都是发生在采石矶。打胜了，登陆成功，事业成功；打败了，先夹着尾巴回家，下次再来，继续强渡这地方。

萧衍的哥哥萧懿都还记得不？当年崔慧景造萧宝卷反的时候，萧懿就是从采石渡过长江进而一举把崔慧景打败的。萧懿还在长江以西时，崔慧景的部将就建议在采石布置重兵，防止萧懿领兵渡江，但崔慧景不听，结果被萧懿打了个短平快，过江秒杀。要是崔慧景听取了建议，守住采石防线，萧懿根本过不了长江，而如果没有萧懿的半路杀出，萧宝卷真的就被崔慧景灭了，南朝必定会出一个姓崔的皇帝。正是因为崔慧景忽略了守卫采石矶的重要性，才导致自己的惨败，可见采石矶在江东地区的战略意义。

讲到采石矶这个地方，必须要说那句一形容地理位置重要就一定要说的一句话：“历来为兵家必争之地。”虽然这句话已经被讲烂了，但还是得再说一次，因为采石矶跟这句话十分般配。这个地方之所以成为过江必选地点，是因为它距南京很近，是南京的守备门户，只要攻下了这个地方，得到南京就不在话下了。得采石者得南京，得南京者得天下。朱元璋当年走的就是这个路线，先攻下采石，然后攻下南京，成就了朱家近300年基业。不过那时候南京不叫南京，也不叫建康，而是叫集庆，朱元璋打下集庆后又将其改名为应天府。

当然，如果单是离南京很近，也不足以成为众人必争的军事要地，南京上下一溜儿排着那么多城市，为什么偏要从采石矶这个地方渡江上岸？从其他地方不行吗？当然行，不过其他地方都没有采石矶得天独厚的地理条件。

采石矶江面狭窄，强渡所付出的牺牲相对较小。长江在流经采石矶这一段的上游不远处时，突然被一个江心洲挡住，于是江水不得已分岔，分别从江心洲的东西两侧流过。西侧的那一支江水浩浩荡荡向下而去，江面依然特别宽阔，而东侧的这一支江水变得特别狭窄，成了一段夹江，采石矶就坐落在这条夹江的东面。于是，所有觊觎南京的军事集团，都无一例外地把战舰开到窄小的夹江，对夹江旁边的采石矶进行强攻，希望能从采石矶上岸，再像江水一样浩浩荡荡地涌向南京。

侯景这次走的正是这条前人已经走了无数次的路，但他成功的概率太小，几近于无，因为他的条件实在太差了，不具备强渡长江的实力。要想渡过长江到达彼岸，只有两种可能：一种是偷袭，趁敌人没准备、不注意的时候，唰的一下过江了，等到别人反应过来想枪炮齐鸣的时候，你都已经到人家眼皮子底下了；另一种是硬闯，我就是公开地牛哄哄地过江，你能把我怎么样吧？我有三十万大军，就算你在江心打掉二十万，还有十万人上岸整死你！

除了这两种，再没有第三种办法，总不能一个猛子从水底下扎过去吧。而侯景只有区区八千人，第二种可能不存在。第一种可能也同样不现实，军事要地，闲人免进。采石是个江防要塞，警戒哨、瞭望台遍布江岸，八千人船队那么大的规模，只要在江面上露出一个船影小黑点就会被侦察人员发现的。

我写了这么多字，都在强调采石矶的不可强渡性，似乎侯景都要穷途末路了。事实上，如果没有人帮侯景，侯景这个时候确实已经离死不远了，什么时候战败，什么时候就是他的死期。一般情况下，像这种造反派首领，一旦落败，基本都会死在自己最亲近者的手里，因为身边人暗算的时候好下手，睡觉的时候，上厕所的时候，甚至转身的时候，都是刀砍剑刺的好机会，而左右亲近的红人需要拿着他的人头作为投名状去投靠下家立功。

但是，在危急时刻，总有人挺身而出，像及时雨一样帮助他们渡过难关。在侯景面临长江天堑这个难关时，他的进攻对象萧衍果断出来帮助了他。

没错，是萧衍。我没写错，你也没看错。就是这个南朝的菩萨皇帝萧衍。就在侯景面对长江一筹莫展之时，萧衍为他解决了这道对他来说本应无解的难题。

当侯景飞快地将军队推进到长江岸边时，朝廷上下一片惊呼之声。谁能想到上个月还在寿阳的侯景，下个月就像泥鳅一样钻到了江边？萧衍收到前方送来的紧急战报后，马上向作战经验丰富的羊侃询问对策。羊侃说，事态严重，必须十万火急的同时做好两件事：立即向采石增派两千名士兵，加强江东防守力量，阻止侯景过江，同时命令邵陵王萧纶以最快的速度袭取寿阳，堵死侯景的前途和后路，让他前有长江进不得，后无巢穴退不了。当他的士兵得知后方的寿阳被官军占领后，一定会万分绝望地鸟兽般散去。

萧衍赞同羊侃的意见，他是武将出身，自然知道防守采石的重要性，所以打算照羊侃说的做。可就在他准备向下传达命令时，朱异出现了。朱异的看法和羊侃完全相反，这个从来没上过战场，没有任何作战经验的空想家说羊侃所言全是无稽之谈，他语气坚定地告诉萧衍："景必无渡江之志。"说侯景绝对没有东渡长江的想法。

不知道朱异凭什么这么肯定侯景没有渡江之志。但甭管凭什么，萧衍就是听他的，既然朱异说侯景不会渡江，那侯景一定不会渡江的。派兵增援采石的事就这么黄了。羊侃急得两眼充血，仰天长叹道："今兹败矣！"

确实，在取消增援采石的决定后，失败就离萧衍越来越近了。而在这个时候，采石江防又出现了一次换防交接事故，终致南梁败亡之势实际形成，难以逆转。

在萧衍听从朱异的建议拒绝向采石增派守军时，负责采石江段防守事务的将领叫王质。王质是萧衍亲自派去的，还率领着三千名士兵，时间大概是侯景攻打谯州那会儿。

当侯景在江边跃跃欲试，思考着如何横渡时，临川太守陈昕怀着浓浓的爱国情怀给萧衍上了一封奏折，对采石江防提出了担心："采石急须重镇，王质水军轻弱，恐不能济。"陈昕是名将陈庆之的儿子，他认为采石的战略位置对维护都城安全至关重要，急切需要派遣重兵进行防守，而王质手下的军队力量薄弱，恐怕无法确保采石的防务安全。陈太守建议萧衍马上换掉王质，另派一支战斗力强悍的部队接替采石江防任务。

不知道为什么，萧衍这次跟对待羊侃那次完全不同，他看完陈昕的建议，立刻就接受了，真是皇帝的心思你别猜，根本猜不着。鬼才知道萧衍当时的想法，同样一件事情，昨天羊侃跟他说他不同意，今天陈昕跟他说，他马上同意了。

听陈昕这么一说，萧衍觉得有道理，立即下令将王质调回朝廷，转而派陈昕去接替王质的位置。这个任命吧，也算是亡羊补牢，陈昕作为名将之子，精通军事，对采石江防的重要性认识到位，派他去对付侯景渡江是再正确不过的事了。

但要命的是王质和陈昕两人的工作交接出了大纰漏，正常的军事交接应该是两人在采石阵地见面后，我下岗你上岗，然后一个打道回府，一个走马上任。可现实情况却是王质率领自己的部队离开采石的时候，陈昕的换防部队还在秦淮河的码头整装待发。

在陈昕整装待发的时候，侯景也在整装待发，而且整装等待多时了，只是蹲在江边不敢发而已。可能有细心的读者会产生一个疑惑，侯景的部队只有马，没有船，他拿什么渡江呢？

是的，侯景确实没有船，但别忘了，他有萧正德这个大内应呀。想当皇帝想疯了的萧正德，吃着萧衍的，用着萧衍的，却埋头苦干挖着萧衍的墙角。他一心一意要把侯景送到建康，然后利用侯景干掉自己的皇帝叔叔，他好来做皇帝。

因为这个美丽的皇帝梦，萧正德对侯景渡江的事特别上心，在侯景的队伍刚到达长江西岸时，他就从建康派出几十艘大船逆流而上，对外宣称这些大船是运送芦草的，实际上却开到了采石对岸，秘密接应侯景渡江。

萧衍这父子俩都是侯景的大救星，轮番接力帮助侯景来对付自己，这样的国家，不灭亡才怪。最具讽刺意义的是，提供渡船帮助侯景渡江的人，竟然是全权负责首都建康军事防卫的总司令！

萧家皇室尽出这种不可思议的奇葩事，上次是徐州最高司令官萧综叛变投敌，这次又是建康最高司令官叛变投敌。萧正德当时的职务是都督京师诸军事，建康一带的部队都听从他的调遣，这种级别的将军投敌卧底，这仗还怎么打得赢？

不过采石防区不属于萧正德的管辖范围，这几十条运载八千人的大船想横渡长江也没那么容易，船只必定会受到采石防区军士的检查。船上装的是什么？从哪里来？到哪里去？证照是否齐全？这些虽然都是例行检查，但这批运兵船都是没有正规手续的“黑船”，里面没装物资，只有士兵，一遇到检查就会露馅，一露馅就会遭到岸防和水军的联合攻击。所以，虽然有了渡船，但侯景还是不敢强行渡江，怕自己被对岸守军发现后攻击，和船只一起葬身江底。

为了寻找机会，侯景派出多名间谍去江对岸打探侦察守卫长江防线的王质的动态。正当他为如何渡江急得像热锅上的蚂蚁时，一名间谍回来向他报告说，王质已经带着自己的军队走了，对岸没人防守了！

侯景根本不相信这条消息是真的，可那位间谍发誓说是真的。侯景还是不敢相信，为了验证真伪，他给这名间谍布置了一个任务，说你现在就过江去采石一趟，折一根江那边才有的树的树枝带回来，这样我才能相信你确实到过江东。然后，在侯景的监督下，这名间谍乘船过江。他回来的时候，果然带回来了一根江这边找不到的树枝。

这事挺神奇的，颇有点“淮南为橘，淮北为枳”的味道，不过现在已经搞不清楚到底是哪种树江这边一棵没有，江那边却满地都是，总之侯景看到这根树枝后欣喜若狂，即刻命令部队渡江。

十月二十二日，离开寿阳不到一个月后，侯景就率军渡过长江天险，从采石登岸，直接杀到了南梁的首都建康城下。这个时候，侯景的全部兵力是：战马数百匹，士兵八千人。

侯景的这支部队创造了一个奇迹，这么点儿人马，在江西攻城拔寨不算，还跨过长江，直达都城，神奇得让人觉得不真实。

侯景的这次奇袭南京城跟后来明成祖朱棣在“靖难之役”中突然夺取南京的经历极为相像，连两人的背景和处境都差不多。侯景是在朝廷大兵压境的情况下逼不得已的自救措施，朱棣也是一样，他实在招架不住源源不绝开到北京来攻打他的朝廷军队，于是破罐破摔，向死求生，丢开战场上的缠斗，掉转方向，冒险率领军队从天津转到山东，一竿子撸到底，直接冲到皇帝侄子朱允炆所在的南京皇城。明军被这突如其来的敌人打蒙了，他没费多大劲儿就进了皇宫，从一个被打得灰头土脸的败将摇身变成了无上尊贵的皇帝。

今天的直辖市天津这个名字就是朱棣给取的。朱棣咸鱼翻身大冒险之初，就是从天津的古渡口偷偷渡过运河一路向南的。那时候，天津还只是一个微不足道的小镇，专靠卖点海盐增加GDP。朱棣登上皇位后，回看自己的幸福，觉得当初离开北部战场跨过运河的那一步太关键了，如果不过运河，自己早就连命都没了，哪有后来神仙一样的皇帝生活？饮水思源，感慨万端，他将小镇改名“天津”以示纪念。津就是渡口的意思，天津，就是天子经过的渡口之意，跟我们现在常听到暴发户说的“老子就是从这里起家的”意思差不多。

无独有偶，其实今天的首都“北京”这个名字也是来自朱棣。北京是座几千年的古城，先后产生过好几十个名字：幽州、燕京、大都、北平……新中国成立以后改称北京。朱棣被封到今天的北京当藩王的时候，北京还叫北平。北平这个词大家也很熟悉，民国时期这地方就叫北平。

说来有点儿意思，“北平”这个名字是朱元璋给取的。这地方本来是元朝的首都，朱元璋在灭掉元朝后，自豪感爆棚，为了纪念自己平定北方的巨大功绩，将城市名由大都改为北平，表示北方安宁平静之意。今天拥有北京户口的人都应该感谢朱氏父子，特别是朱棣，是他把明朝首都从南京迁到北京，并在这里大规模修建宫殿，故宫就是在朱棣手上开始建造的。这片老建筑群保存了中国的古代文化，也为北京带来了大量的门票旅游收入。

中国目前有四个直辖市，巧合的是，除了上海，另外三个城市北京、天津和重庆的名字都来自古代帝王。跟天津一样，重庆这个市名也是一个皇帝给取的——宋光宗赵惇。

南宋的时候，重庆那个地方叫恭州，是皇子赵惇的封地。赵惇在很短的时间里先被封为恭王，之后登上皇位，他觉得恭州是自己的幸运福地，登基后没几个月就将恭州升格并改名为重庆府。所谓“重庆”，就是双重喜庆的意思，跟中国人结婚时贴的那个双喜字意思一样，寓意双喜临门。宋光宗觉得自己受封恭王和登基称帝是两件大喜事，改个名纪念一下，没想到这一改竟用了800多年。

不费吹灰之力就渡过长江的侯景也想在建康成就自己的人生大喜事，最后，他还真跟朱棣一样，打进了都城，君临天下。只是结局不一样，一个名留千古，一个千古下流，而且死得很惨。但在侯景死得很惨之前，却有无数人因他的存在和到来而死得很惨。

第六章　建康保卫战

越过长江的侯景军队还在向建康行进的路上时，建康城里就已经乱成一锅粥了。侯景之乱发生时，南梁建国快半个世纪了。这么长的时间里，南方梁国整体上是以和平为主的，虽然时有战争发生，但战场主要局限在淮河南北地区，国家的腹地长江流域基本没受过战争影响，尤其是政治中心建康，更是长时间不见战火，老百姓皆因承平日久不识兵戈多时了。现在突然听说一支豺狼部队已杀到城下，那种人心惶惶的局面是可以想见的。

太子萧纲见事态紧急，连正常的面圣礼仪都顾不上了，穿着全副武装的军服匆匆忙忙地跑去向父亲请教守城之策。面对惊慌失措的儿子，萧衍也显得六神无主，因为侯景的瞬间过江实在是没人能想得到的事。

这个时候的萧衍，在危险来临时早已没有了年轻时的勇敢和担当，他当场就对萧纲表示："此自汝事，何更问为！内外军事，悉以付汝。"萧衍及时撂挑子不管了，还把儿子骂了一顿，你问我干什么？真是多此一举！你是太子，任何事你自己做主，从今往后，国家内外军政，全部由你负责。

像萧衍这样危险时刻玩金蝉脱壳的皇帝，历史上有好多个，大概都是属泥鳅的，滑头得很。有的皇帝在敌人马上就要冲进皇宫的时候，还在忙着把皇位让给别人，好让别人当接盘侠，去收拾根本收拾不起来的烂摊子。萧衍就属于这种，他说自己80多岁了，干不动了，把机会让给年轻人吧。当然，如果不是国家处在危急存亡之秋，即便是100岁了，他也会说自己克服克服，继续工作，多为朝廷和百姓当几年管家的。

于是萧纲宣布全城戒严，一面修缮城墙，一面调度布防，任命羊侃全权负责军事防御，萧正德、萧大春、萧大临等皇族成员分别把守城内外各个重要据点。所谓战场亲兄弟嘛，萧纲觉得，自家人维护自家的天下，总会比别人多一分天然的真心，所以萧家人这次都被用在了刀刃上。

只是萧家子弟多是扶不上墙的草包脓包，可堪大用的只是极少数，更何况还有萧正德这样当内奸的，所以，建康被攻破是必然的。

萧正德这个卧底对侯景真是太重要了，他伪装得极深，萧衍和萧纲从头到尾都不知道自己身边竟然隐藏着一个致命杀手，还对他委以重任。这次危急时刻，萧正德受萧纲之托，负责守卫宣阳门。宣阳门是建康城的正南门，侯景要进攻建康，从秦淮河渡口上岸后，第一个攻击目标就是这座城门。萧正德内心狂喜，觉得自己和侯景这次稳操胜券了。他利用自己的特殊身份，稳稳地实施搅局行为，把本来有利于朝廷的大好局面搅得一团乱。

南北朝时候的南京城，水系比现在发达，船只能从长江直接划到玄武湖。当时的玄武湖面积比现在大好几倍，秦淮河也比现在宽很多，现在的秦淮河狭窄得跟一个小河沟似的。秦淮河从建康南门不远处自西向东流淌而过，像一条玉带将建康城分为南北两区。皇城在北区，所以南区的百姓要想进入繁华的北区，就必须要渡过秦淮河。过河必须要有桥，而正对宣阳门的那段河口的渡桥就是刘禹锡诗中所写的朱雀桥。

说起朱雀桥，很多人可能会遥想许多美丽的画面，彩虹般的桥身，弯弯的桥孔，青青的石板，桥旁浪漫的雨巷，一个打着油纸伞的丁香般的姑娘或忧郁少年正从桥上踽踽走过……不过真相可能会让大家失望，其实这座在中国历史上名气大得不得了的朱雀桥，并不是一座像赵州桥那样的实体桥，而是用很多艘大船在水面上一字排开连接在一起的浮桥。

当时秦淮河上有二十四座这样沟通南北的浮桥，这可能是大家没有想到的。朱雀桥这里的河面有一百多米宽，以当时的造桥技术是不可能造出这么长跨度的拱桥的。你看现在中国最古老的赵州桥，不才六十来米嘛，而且还是南朝之后的隋朝人造的。梁朝人没那造桥的本事，只能搭浮桥。

萧纲在战前布置的时候，要求马上拆除朱雀桥，以阻挡侯景军过河。这是一个很好的阻挡敌人的办法，真要是拆了这座桥的话，侯景只能望河兴叹。萧正德听萧纲这么说，心里急坏了，担忧他的战略合作对象侯景过不了秦淮河，于是装出一副对工作严谨认真的表情对萧纲说，京城百姓如果看到拆除浮桥，一定会惊慌不已，影响军队士气，当下最要紧的是稳定人心，最好不要拆除朱雀桥。萧纲哪知道萧正德在故意捣鬼，还以为他忠心耿耿呢，便同意了他的建议，没有拆除浮桥，只是派遣东宫学士庾信率领三千人守卫朱雀桥，阻止侯景从此处过桥。

梁国那时候真是没有能打仗的将军了，立国时那一代在战争中成长起来的老将们都死光了，个别青年将领都被派到了边境带兵，建康城里的战将更是稀缺，所以连庾信这样的文人都被推到了一线战场。

庾信是南北朝时期成就最高的文人之一，后来他出使北方，被西魏、北周两朝皇帝强行扣留，就是不放他回国。两个朝代强扣他的原因都一样，因为庾信太有才了，皇帝爱慕他的才华，赏给他高官显位，让他为本朝效力。久居北方的庾信极度思念南方的故乡，写出了传世名篇《哀江南赋》。

《哀江南赋》写得特别有才，不但感情真挚，而且还有许多类似“日暮途远，人间何世？将军一去，大树飘零；壮士不还，寒风萧瑟”这样读来朗朗上口的佳句。庾信在这篇倾注了自己全部思乡情感的长赋里，也对他亲身经历的侯景之乱表示了愤怒和不满，发出了控诉：“岂有百万义师，一朝卷甲。芟夷斩伐，如草木焉！”哪里有拥有百万军队的国家，一夜之间弃甲溃败，而让叛乱者对黎民百姓如割草伐木一样肆意屠戮的？这种带有强烈主观情绪的问句，很明显是庾信对当时梁国军队平叛不力的谴责。

南梁当时虽说不可能有庾信说的百万军队，但几十万大军是确定有的，拥有这么庞大军队的一个大国，竟被只有八千人的造反者颠覆了，也不怪庾信多年后还耿耿于怀、怨气难消。

不过，庾信也是只照别人却照不到自己的手电筒，他也不想想他自己在跟侯景对阵时还没见到敌人就跑得屁股冒烟的行为。正所谓，雪崩时，没有一片雪花觉得自己有责任。庾信作为镇守朱雀桥的第一责任人，他的表现可以说是可叹可笑又可怜。

当侯景的军队出现在朱雀桥南岸时，庾信怕反军过河，便下令士兵赶快拆除浮桥。刚拆去第一艘船的时候，造反军冲到了浮桥边。看见反军到来，庾信特别恐惧，马上躲到城门后面，再也不敢伸头。但躲在门后面他还是害怕，为了平抑情绪，他拿来一根甘蔗，坐在地上嘎嘎嘎地啃了起来。

这画面真是太滑稽了，外面战场烈火硝烟的，他作为最高主将，不去指挥士兵作战，却猫在旮旯里嚼出一大堆甘蔗渣。然而在血与火的战场上，想安安静静地吃根甘蔗也属于奢望。就在庾信嘎嘣嘎嘣地埋头啃甘蔗时，一支流矢"咚"的一声射中了他面前的门柱。庾信被这巨大的响声吓得肝胆俱裂，手中的甘蔗应声落地。这个时候，他再也顾不得甘蔗了，丢下军队和朱雀桥，不顾一切地跑出门去，逃得不知所踪。

朝廷军走了，朱雀桥就成了萧正德军和侯景军的天下。萧正德的手下以最快的速度修好了浮桥，侯景领着军队大摇大摆地跨过秦淮河，向建康城宣阳门前进。

宣阳门外，萧正德已经翘首期盼多时了，他大老远就跑上去迎接侯景，跟侯景在马上互相拱手行礼，像老朋友似的互致问候，把旁边那些不明真相的群众都看呆了。怎么临贺王竟然是反贼？然而这时候，即便是全天下人知道也没用了，生米已经做成熟饭。萧正德充当向导，把侯景从宣阳门引向台城。

台城即南梁的禁城，皇帝和太子、后妃们居住的内城，外人是不允许进入的。本来台城在军事上是有内外两道防线的。外城有高大的城墙，敌人要想进入城内，必须先攻打外城，宣阳门就是外城的几个城门之一。每个城门都是坚固的战场，除非特殊情况，否则被一般军事力量破城的可能性几乎为零。就算攻破了外城，里面还有一道台城屏障，要想连破两道城墙，那得攻打多少天？攻城者还不早被各地赶来救援的军队给灭了。

所以，如果不是萧正德自动打开城门放侯景进来，侯景的区区八千人是无论如何也攻不进来的。哪有一个国家的都城被八千个人给端了的？但现在，得益于萧正德的帮忙，侯景免除了外城之战，直接来到了皇帝所在的大内台城。接下来，他只要攻下这一座城中城就大功告成了。

为了尽快打下台城，侯景命令部队将台城团团包围，然后火力全开，从城墙的各个方向同时发起攻击，战鼓雷鸣，哨声四起，喊杀声伴着惨叫声震天动地。双方兵锋交接，斗智斗勇。反军在城门外放火焚烧城门，羊侃便叫士兵在城门上方凿开洞穴，从洞穴里往外浇水扑灭火焰。见火攻不行，反军改用劈门，拿出锋利的长斧，在外面劈砍城门。这么毫无阻挡地砍下去，城门迟早会被劈开。羊侃急中生智，命士兵在门上凿出一个小孔洞，然后用长矛从孔洞中使劲儿捅戳，反军以为这个小孔洞是里面的人用于观察的猫眼呢，哪想到会突然伸出一根长矛，被戳死了好几个劈门的，其他人再也不敢靠近了。

这种方法不行就再换种方法。侯景又使用了新的攻城装备——木驴。所谓木驴，是指用木头制作的形状类似驴子的攻城工具。木驴的脊背用坚硬的牛皮包住作为防护，一般的刀枪棍棒是奈何不了它的。每个木驴的脊背下躲着六个士兵，六个人把木驴顶在头上，便可以安全无虞地随意靠近城墙。羊侃见招拆招，叫守城士兵搬来许多大石头，用石头对准木驴猛砸。石头从好几丈高的城楼上带着巨大的冲击力砸向木驴，木质结构的东西哪能承受这么巨大的破坏力？很快，侯景费尽心思打造出的木驴全部在城墙根边碎成了一堆堆木渣子。

见这招不行，侯景对木驴进行改良，推出了更新升级版的二代木驴。这次他吸取了被砸的教训，将木驴脊背做成了尖顶，城上的石头砸到木驴尖顶上后，力量全被化解，并迅速反弹崩落在离木驴很远的地方。羊侃见反军的木驴升级了，也升级了作战手法，将石攻改成了火攻。他命人找来许多火炬，在火炬上浇满油脂，点着后扔到木驴上。这个回合打下来，侯景辛辛苦苦做成的木驴全部被烧成了灰烬，连渣子都没有。

侯景很受伤，觉得这么打下去不行，军队伤亡太大，他又改方法了。前几次都在城下进攻，这次他是真正地“升级”了，决定改从空中攻击。侯景的军中大概有不少善于制造各种攻城武器的能工巧匠，上次制造的是木驴和尖顶木驴，这次则是“登城楼”，就是造好一座木楼，然后把楼抬到离城墙较近的地方，派士兵到楼上居高临下地往城里射箭。

侯景当时造的这款“登城楼”高达十几丈，比台城的城墙还高出一大截，士兵待在楼里，对底下的台城一览无余，只要城内有人出现，楼内的军士就瞄准放箭。这楼要是成了，那皇宫里的守城军士日子就没法过了，时时刻刻都有被楼上的反军射成刺猬的危险。

羊侃看着城外为造登城楼忙得不可开交的反军，很淡定地告诉大家不要紧张，“车高堑虚，彼来必倒，可卧而观之。”羊侃说别看他们忙得欢，其实都是瞎忙。这玩意儿造出来太高、太重，城外是刚被填平的护城河，地基松软，根本承受不了这么笨重的庞然大物。大家尽管把心放进肚子里，躺在城上看戏就行，那东西一放到城墙边，肯定会自动倒塌。果然，好不容易造好的大物件，刚搁到城墙边就因重心不稳扑地倒下，摔成一地断木头。

侯景没辙了，他知道强攻不行了，决定改变战术，变攻打为围困。他在宫城四周垒筑土墙，隔断城内与城外的一切联系，打算利用长期围困的办法，使城内物资匮乏，自动投降。侯景的这种长期包围的想法真是让后世读这段历史的人觉得莫名其妙。史书上都说侯景很会打仗，可他决定长期围困皇宫内城的战法也太无脑、太可笑了吧！

侯景这种小规模土匪般的队伍，靠内应才侥幸到达了皇城，要说速战速决还能理解，但要在一个庞大帝国的心脏地区搞持久战，这不是脑子有病吗？这就好比一帮强盗去人家里实施抢劫，别人把防盗门关上，强盗用脚踹、用头撞、用大灰狼骗小白兔的方法都打不开门后，便无赖地往人家门口一躺说，你不开门让我进去抢，我就赖在你家门口三个月不走，看你出不出门，不出门你就全家饿死吧。有这样蠢得要死的强盗吗？还三个月，三刻钟你不离开，110就来了，到监狱里蹲三年都出不来。侯景攻打皇宫台城的形势跟这个例子完全一样，你这么点儿人还长期待在皇宫外不走，人家全国几十万勤王军队马上就从四面包抄过来救驾了，打不死你！

当然，以上观点仅属于作者的个人想法，侯景可不这么想。他在皇城外待得挺欢，玩得特嗨。因为太子所住的东宫就在紧挨着台城的东边，侯景一进城就占领了东宫，把东宫作为自己的指挥部。东宫里的美女可就遭殃了，侯景进城当天就抓了几百个美女，把她们当成战利品奖给手下的士卒，自己也在里面日夜饮酒作乐。

不过，要论最开心和最快乐的人，还不是侯景，而是侯景的事业领路人兼亲密战友——临贺王萧正德。不过萧正德这时候已经不是郡王，而是皇帝了，所以我才说他是最开心、快乐的人。还有什么事比当皇帝更让人开心、快乐的呢？虽然萧正德这个皇帝是侯景的傀儡，但他不管这些，先过一把皇帝瘾再说。

进入建康城的第七天，侯景就拥立萧正德为皇帝。萧正德这算得上是火线称帝了，那边着急攻城，这边在忙着称帝。侯景这是在履行合同条款，当时他跟萧正德谈好的条件就是这个，我帮你进城，你帮我称帝，合作愉快，互利互惠。

萧正德能如期称帝，倒不是侯景这人讲诚信，他这样的人哪有诚信可言？只是利益需要罢了。当前环境下，队伍刚刚进城，前途未卜，又是在萧家的地盘上打仗，所以必须要树起萧正德这样一个皇帝作为核心，显得队伍正规，目标明确，道路光明，未来可期。

身为萧衍的前养子，打萧衍称帝起，萧正德内心就拥有一个皇帝梦，没想到一梦半个世纪。虽然史料上没有他确切的出生年份，但这一年他怎么着也得60多岁了。唉，一个年过花甲的老头还对权力如此迷恋，何苦来哉？当这么一个没有实权的假皇帝，跟过家家没什么区别，还害人害己害全家。

但萧正德把荒诞当正经，做得一本正经。他下令改年号为“正平”，封儿子萧见理为皇太子，封侯景为丞相。登基之后，萧正德把自己家的金银财宝全部捐赠给侯景作为军费。这是名副其实的裸捐，除了本人，家里一切都捐给侯景了。为了取悦侯景，萧正德甚至把自己的女儿送给侯景为妾。

这皇帝当得真窝心，竟然还要牺牲自己的女儿去讨好臣下，这跟屈辱和亲有什么区别？虽然内心一百个不想做，但迫于形势又不得不做。连这种有名无实的皇帝，萧正德都日思夜想，可见此人真正是个官迷。他就没想过，所有自己不能做主，没有实权的皇帝，都只有一个共同的结局：不得好死。不过从后来他对局势变化的反应程度看，他确实是没想过这个问题。当然，真正的原因也不是他没想过，而是想不到，没那智商。

不过从侯景攻打皇宫内城的各种表现来看，他的智商也就那样，只能说比萧正德高一点儿。就这点儿人马，他刚开始还认为自己很快就能攻克台城，所以严厉约束部队，士卒都不敢侵犯欺负建康百姓。但毕竟狼行千里吃肉，侯景的部队本来就是一支烧杀抢掠惯了的野蛮队伍，硬装了一小段时间的文明之师、威武之师后，本来面目就露出来了。

因为台城久攻不下，侯景部队的军心开始动摇，另外粮食已经全部吃完，后勤补给变得困难，再加上日夜担心各路支援建康的勤王军队即将到达，侯景既急火攻心又惊恐不安，于是他不再严管部队军纪，纵容士兵抢夺民间稻米、金钱和妇女，建康百姓陷入水深火热之中。

抢了百姓的财产还不算完，侯景又开始全城抓壮丁，强行驱使百姓为自己堆造攻打台城的土山。为了尽快打进皇宫，侯景决定在台城边上用泥土石块筑造一座比台城城墙还高的土山，然后在土山上向城内发起攻击。

这座土山让建康民众遭了大殃，几万百姓被禁锢在工地上挖土运土，反军士兵拿着刀棒监督施工。谁要是动作稍微慢一点，就会遭到棍棒毒打，而对那些身体衰弱缺乏力气的百姓，监工看见后就立即上前用刀杀死，尸体就作为填充物直接埋进土山。整个工地变成了一个可怕的人间地狱，悲号惨叫之声震天动地。

羊侃在城上看到反军堆筑土山，迅速采取反制措施，也在城中堆筑土山，以便跟城外的土山对抗。你筑三丈高，我也高三丈；你搞五丈高，我也再加两丈，反正就是不让反军对台城形成居高临下的猎杀优势。两座土山筑成后，双方士兵各自占据土山，昼夜不停地进行战斗，谁也占不到多大便宜。

不过反军差一点儿就占到了大便宜。两军在土山对峙期间，由于经常暴雨如注，城内土山突然崩塌。反军见此情形，立即乘势发起攻击，一部分反军已经突进城内，后续大量反军陆续跟进。城内守军苦战不息，但还是抵不住越来越多的反军，情势万分危急，眼看着就要城池不保。千钧一发之际，羊侃临危不惧地指挥士兵采用火攻，将大量浸有油脂的火把投掷到反军冲入地带，形成了一道熊熊燃烧的火墙，把众多正在往城里的反军挡在城外，然后快速在城内筑起第二道城墙，成功化解了这场危机。

侯景之所以被挡在台城外进退两难，最重要的原因就是遇到了羊侃。羊侃在国难当头时挑起了守城大梁，他相当于台城内的定海神针，只要有他在，侯景就无法撼动台城。羊侃是侯景真正的克星，侯景用什么办法都击不倒他。

为了让羊侃屈服，侯景俘虏了他的儿子后如获至宝，马上押到城下给羊侃看，想凭此跟羊侃讨价还价一番。谁料羊侃根本不给侯景任何希望，直接把话堵死，他对侯景说，我牺牲全族报答皇上仍恨不能尽忠，岂在乎一个儿子的性命。你早早杀掉他吧，休想因此从我这里得到什么。

羊侃这么说，倒不是他冷酷绝情，自己的儿子怎可能不疼？只是面对这种绑架人质似的要挟，也只有这一种处理方法，总不能说你放了我儿子，我放你进城吧。所以还不如干脆说请你自便，老子无所谓。

虽然羊侃这么说，但侯景还是不死心，过了几天，他又把羊侃的儿子带到城下给羊侃看。羊侃看到儿子出现在自己面前后，大声招呼儿子："久以汝为死，犹复在邪？吾以身许国，誓死行阵，终不以尔而生进退。"羊侃对儿子说，我以为你早就死了，没想到还活着呢。他遗憾地告诉儿子，他将不惜牺牲生命报答国家，誓死跟叛军血战到底，绝不会因为儿子在敌人手中而影响战斗进程和结果。"以身许国"这个成语就是从这里流行开来的。

被侯景俘虏的不光是羊侃的儿子，陈庆之的儿子陈昕也被侯景抓住了。侯景抓住陈昕后设宴款待他，亲自陪他喝酒，希望陈昕投靠自己，帮助自己攻打皇宫。陈昕把饭吃了，酒喝了，对侯景提出的要求却抹着嘴巴打着饱嗝说不行。侯景气坏了，命手下将领范桃棒把他囚禁起来。没想到这陈昕还真是有乃父之风，本事不小，居然和看守自己的范桃棒结成了统一战线。他通过做思想工作，成功说服范桃棒脱离侯景，叫他率领自己的部队袭杀王伟后投奔朝廷。

王伟是侯景的首席智库成员，要不是他，侯景不可能从寿阳跑来建康，而如果没有他，侯景立马就会失去方向，必败无疑。事情发展到这儿，似乎向着有利于朝廷的局面发展了。为了和朝廷联络，范桃棒趁晚上没人看见的时候，偷偷把陈昕放出囚牢，让他秘密进入宫城汇报。

萧衍得知范桃棒愿意投降的消息后，大喜过望，马上赏赐给范桃棒免死铁券，叫陈昕带给他，并让陈昕传达他对范桃棒的承诺，事成之后，封他为河南王，由他全面接管侯景的所有部队，并且还会赏给他大量的金银绸缎和歌女舞女。

范桃棒的投降真的是一件好事，为安全解决宫城危机提供了一次上佳机会，如果顺着这条路走下去，后来发生在建康的一切灾难都极有可能没机会发生，因为一旦王伟被范桃棒杀死，侯景也就离死不远了。

但太子萧纲不同意接受范桃棒的投降，他怀疑这场投降是故意设置的骗局，所以拒绝和范桃棒合作。萧纲认为最保险的方法是坚守待援，等勤王大军一到，反贼就会被全部铲除。而如果冒险打开城门接纳范桃棒，万一范桃棒是假投降，那就社稷灭亡，后悔无及了。

萧纲的这种保守想法没有得到朝廷中任何一个大臣的响应，大家都认为范桃棒是从内部瓦解侯景军队的最佳人选。萧衍气得大骂萧纲："受降常理，何忽致疑！"萧衍是亲自上阵打过天下的皇帝，不像萧纲从来没有上过真正的战场，对波诡云谲的战场计谋缺乏正确的理解与判断，他见萧纲阻拦这件事，怒火冲天地教训儿子说，战场上接受敌人投降，是一件很普通、很平常的事，你为什么如此疑心重重?

范桃棒得知萧纲怀疑自己后，进一步向朝廷表示诚意："今止将所领五百人，若至城门，皆自脱甲，乞朝廷开门赐容。事济之后，保擒侯景。"范桃棒为了离开侯景投奔朝廷，也真是拼了。他很理解朝廷的处境和担忧之心，跟萧纲保证说，我就带着五百名亲兵过去，到城门口时，五百人全部脱去铠甲后再进城，这下你总放心了吧！只要你放我进城，让我为朝廷效力，我保证可以擒获侯景。

在战场上脱去铠甲，跟缴枪没什么区别，完全是把自己放在鱼肉的位置，把刀俎权交给对方。有这一条，就可以认定范桃棒的投降是不用怀疑的了，不然他不是自己上门求死吗？按说这种情况下，萧纲应该敞开心扉跟范桃棒精诚合作了，在艰难困苦的形势下，只要有百分之一的希望，就应做百分之百的争取。

但这位太子恰恰相反，只要不是百分之百，哪怕是百分之九十九的希望，他也不会同意。可这世上哪有绝对的事情？不过，绝对与相对不是萧纲所想的问题，他之所以不愿意接纳范桃棒，是自私的心理在作怪。

萧纲有他自己的小九九，他是担心自己的皇位。他辛辛苦苦做了十几年太子，父皇看样子也没几年可活了，自己好不容易熬到头了，所以做任何事要百分百确保万无一失，哪怕只有百分之一的风险，他也会彻底地予以拒绝，以捍卫未来属于自己的皇位。万一范桃棒是侯景抛出来赚开城门的诱饵呢？那宫城岂不就完了？宫城一丢，自己翘首以盼多年的皇帝梦岂不就破灭了？所以，不许，坚决不许。即使对朝廷有好处，我也不答应，因为对我本人没好处。

萧纲的这点儿小九九连朱异都知道。一贯干着祸国殃民勾当的朱异这次坚决支持接受范桃棒，他不满地对萧纲说：“殿下若以社稷之急，宜纳桃棒；如其犹豫，非异所知。”朱异这口气很明显透着股气呼呼的味道，他说如果太子殿下真是急于挽救国家，就应该接纳范桃棒。如果这个时候还在猜疑不定，那殿下的真实想法我就不知道了。这其实是正话反说呢，你再三拒绝接纳主动投降的范桃棒，不就是考虑到自己将来的皇位嘛，以为我朱异不知道呀！

但无论别人有怎样的意见，萧纲最终还是没有痛快地给范桃棒一个让他满意的答复。

夜长梦多，尤其是反叛这种事，时间拖长了都会出问题。不久，就有人向侯景告密，范桃棒和陈昕都被侯景处死了，一场原本极有可能会开花结果的联合行动，因为萧纲的犹疑而中途夭折。

随着双方长时间僵持，宫城内出现了严重的粮食危机。

侯景刚到建康时，朝廷考虑到了宫城被包围后的粮食问题，所以在反军到来之前，宫城里包括宰相一级的官员在内，无论贵贱，都紧急行动，向城内大量运米。在宫城被合围前，共从外城向宫城抢运了四十万斛大米。四十万斛虽然多，但也架不住城内那么多人连续三四个月地消耗呀。

还有一个问题是，当初由于太匆忙，光想着运米了，根本没想到也要储备木柴、食盐、草料这些同样重要的生活必需品。结果，很快就出现了问题。没有食盐，所有人都有气无力；缺乏草料，战马没东西吃，没有办法，只好把睡觉和垫座的草席拆开喂马。草席能有多少呢？很快就被马吃光了。最后实在没辙，只好喂马吃米饭。后来大米也吃光了，就杀战马吃。可那么多人，哪有那么多战马可供吃肉？于是就在马肉里掺杂其他肉一起吃。掺杂什么肉呢？说出来大家可能会觉得恶心和害怕——马肉里掺杂人肉！因为实在没有食物可以充饥，只能以人相食了。

历史上很多朝代都出现过人吃人的现象，有人死了才被吃，也有饿极了杀害活人吃的。不是有个“易子而食”的成语吗？说的人吃人的悲惨景象，对自己的子女实在下不了口，只好跟别人交换孩子，这样吃的就是别人家的孩子了。

南梁宫城里这时候由于缺少食物，已经饿死病死了一大半人。到后来很多东西都只能生吃了，因为没有木材生火。刚开始没柴火烧的时候，大家就到处拆房子，甚至把尚书省，相当于国务院的办公室都拆了，拆下的木料拿去烧饭，但无论如何努力也不够吃不够烧的。

士兵们为了填饱肚子，想尽各种办法弄吃的。有的把身上的铠甲脱下来煮着吃，不过这种能吃的铠甲并不是金属材料的，而是牛皮、驴皮经过多道工序加工后变得刀枪不入的。真饿极了，这东西脱下来一煮，还能美美地吃上几顿肉汤。没有真皮铠甲的战士也为填饱肚子而各显神通，有在老鼠洞外点火烟熏，把老鼠从洞穴里逼出来抓着吃肉的，有用弹弓和线网捕捉鸟雀来吃的，反正很惨，只要能吃的都想方设法弄来往肚子里塞。

不光是普通士兵没吃的，皇帝萧衍也同样没东西可吃。萧衍因为信佛，常年吃素，不吃荤腥，食物似乎更好对付一些，但几个月下来，所有的蔬菜，包括以前扔掉不要的菜根都被吃光了。实在弄不到蔬菜后，萧衍不得已吃鸡蛋了。萧衍是极为虔诚的佛教徒，佛教教义认为鸡蛋可以孵化出小鸡，吃鸡蛋是犯杀生之戒的行为，所以萧衍是从来不吃鸡蛋的。但他已被逼入绝境，不吃鸡蛋就啥菜都没有了。后来萧纶费尽周折送来几百个鸡蛋，萧衍像接受珍贵宝贝似的亲自收下，一边小心翼翼地安放鸡蛋，一边悲伤痛苦地泣不成声。可能是觉得太悲催了，一个拥有天下的帝国皇帝，竟然沦落到亲自料理鸡蛋的份儿上！

看到这里，肯定有人会迷惑不解，皇帝所在的皇宫内城被造反者围攻成这种地狱般的惨样，为什么没有救援的军队来赶走侯景，为皇帝解围呢？

其实救援皇城的军队是有的，而且还很多，包括那个受萧衍之命气势汹汹带着人马到寿阳去打侯景的邵陵王萧纶。他哪知道他想打的侯景早就跑到建康城打他父亲去了。当侯景开始在宫城外面堆筑攻城土山的时候，刚到达钟离的萧纶才获悉他要消灭的对象早已离开，于是马上掉头向东，向建康疾进。

不光是萧纶，侯景起事后，火速赶到建康周围的南梁援军加起来达到十几万人，还不包括荆州刺史、湘东王萧绎已经派出，正向建康行进的几万军队。在兵力方面，南梁援军比侯景的军队多出好多倍。当时集结在建康附近的梁军将领有西豫州刺史裴之高、司州刺史柳仲礼、衡州刺史韦粲、江州刺史萧大心、建安太守赵凤举、南陵太守陈文彻等，这些人就像侯景包围宫城那样，将侯景从外面严严实实地包围起来，只要稍微一合力，侯景就会承受不住的。

面对这么多援军，侯景心里虚得不行，他觉得自己必败无疑了，随时做好了逃跑的准备。

萧纶的军队是第一支赶到建康的整建制援军，当他的几万人突然出现在钟山扎营时，侯景吓了一跳：“景见之大骇，悉送所掠妇女、珍货于石头，具舟欲走。”这里的“石头”指的是石头城，南京又名石头城就是从这里来的。石头城位于宫城的正西，遏控长江进入秦淮河内河道的咽喉，进可攻，退可守，是屏卫建康的极为重要的堡垒。

侯景之乱发生后，镇守石头城的主将是萧大春。这些叫萧大啥的都是萧纲的儿子，萧纲十几个儿子，清一色取名萧大某：萧大款、萧大球、萧大连、萧大器……还好，没有叫萧大大的，不然谁喊他都吃亏。萧纲期望萧大春守好石头城这座咽喉城池，确保建康安全。不想侯景前脚踏入建康，萧大春后脚就逃离石头城，把这座易守难攻的城池拱手让给了侯景。你说萧家这些子孙，几乎个个都是怂包，侯景靠八千人把南梁搅得天翻地覆，也不是没有原因的。

侯景看到萧纶带着那么多人来打自己时，惊骇交加，赶紧把这些天抢劫掠夺来的美女和珍宝一股脑儿运送到面朝长江的石头城，并提前在那里准备好了许多船舶，好在被萧纶打败后能快速方便地逃跑。因为石头城坐落在长江边上，可以出门就上船，上船就可以扯起风帆，火力全开地从江上逃之夭夭。

可现实非常具有戏剧性，兵力上占有绝对优势的萧纶却被侯景杀得丢盔弃甲，满世界地逃命。

萧纶败北后，其他勤王大部队紧急行动起来，大家共同推举司州刺史柳仲礼为兵马大都督，全面指挥建康城外所有救援军队。柳仲礼是个勇武有为的将军，曾经在战场上打退过西魏名将贺拔胜。

贺拔胜具有万夫不当之勇，在两魏邙山之战中，他紧追高欢，手上的长槊只差那么一点点就刺中高欢了，把高欢吓得魂不附体。柳仲礼能打败贺拔胜，萧衍高兴得不行，特地让画工画了一幅柳仲礼的肖像送到宫里，想看看能打败贺拔胜的这个人长的啥神奇样子。柳仲礼长得真不赖，一米八的大高个，眼睛炯炯有神，是个相貌堂堂的兵哥哥。

这次选他当总指挥，貌似真选对了，《南史》里讲到柳仲礼和侯景之间的关系时，有这么一句话：“景素闻其名，甚惮之。”这是说侯景很久之前就听说过柳仲礼的威名，心里对柳仲礼有一种恐惧的感觉。其实早在侯景叛乱之前，看出侯景异心的柳仲礼就曾主动向萧衍请战，请朝廷拨给他三万兵马，他去一举荡平心怀不轨的侯景，结果当然是得不到批准。这回好了，柳仲礼终于得偿所愿，可以好好地跟侯景干一仗了。

很快，柳仲礼就跟侯景打了一仗。

那天，柳仲礼的表哥韦粲的军营被侯景亲自带人偷袭，因为猝不及防，韦粲军损失惨重，部队被打散，儿子、兄弟全部战死，自己也没能幸免。

韦粲遭到攻击的时候，柳仲礼正在吃饭，得到这个军情报告后，柳仲礼丢下饭碗，披挂上马，带着身边仅有的百来个士兵赶往韦粲军营增援。柳仲礼挥舞着长矛，一顿冲杀，把侯景军队打得七零八落，杀死了好几百人，还有一千多名掉进秦淮河里淹死了，连侯景也差点儿在这场三方混战中死在柳仲礼的长矛之下。

柳仲礼跟侯景两人面对面厮杀了半天，都不知道彼此是谁。古代资讯落后，没有电视、报纸、网络，即使闻名已久，面对面时互不相识也是正常，谁分得清谁是谁呀？

当年宇文泰在和东魏作战时，因战马被射死而摔落于地，一队东魏士兵极速朝他跑来，眼看着这位西魏大佬就要命归黄泉了。这时候，西魏将军李穆骑马赶到，看着快速逼近的东魏士兵，李穆急中生智，拿起手上的马鞭朝宇文泰劈头盖脸地猛抽，一边抽打一边对着宇文泰大声斥骂，你这个蠢货怎么一个人在这里？你的长官在哪里？

东魏士兵一看地上这人被打骂欺负成这样，以为是个卑微的小兵，就没理会，忙着追别人去了。当时西魏战败溃逃，东魏军士都在急着追高官逮大鱼回去立功报奖，小鱼小虾他们不感兴趣，浪费不起那时间。要是认出了地上被鞭打的这个人就是西魏大元帅，那以后也就没有北周了。宇文泰要是被抓住，高欢岂能留他性命？可惜，那时候没有新闻联播，不然东魏军士也不会不认识敌国的最高统帅，错失良机。

柳仲礼和侯景的情形也是这样，两人相见不相识。一个觉得这不就是个小矮人吗，看我将他挑落马下；一个心想，你不就个子高点儿吗，老子不怕，长枪伺候。两人你来我往缠斗在一起。可这俩身高、体能差距太大，侯景不是对手，说时迟，那时快，柳仲礼瞅准一个空当，长矛快速刺向侯景的咽喉。柳仲礼觉得这小矮人是死定了，没想到螳螂捕蝉，黄雀在后，就在侯景即将被柳仲礼扎成串串时，侯景手下的一位部将突然从柳仲礼的背后窜出，一刀砍中柳仲礼的肩膀。又正好这时候柳仲礼的战马陷进了泥淖里不能动弹，多名反军趁这个机会将柳仲礼围在中间，用长矛对他猛刺。柳仲礼被刺得血肉模糊，身受重伤，幸好梁军的一名骑兵将领率众赶到，将他从重围中救出。再晚一小步，他就没命了。

柳仲礼这次虽然捡回了一条命，但是他产生了严重的心理阴影。这一战之后，柳仲礼性情大变，完全变成了另外一个人："自此壮气外衰，不复言战。"从此以后柳仲礼患上了"恐侯症"，情绪衰落，以前那种勇往直前，巴不得下一秒就击破反军，解救都城的凌云豪气荡然无存，不但只字不提再和侯景交战，而且作为救援联军的最高统帅，他还不允许别人去攻打侯景，所有请示交战的报告，他一律不批准。

这真的是一种心理疾病，仅仅遭受一次打击就一蹶不振，抗压能力脆弱到让人惊讶。他这样一衰，把整个勤王军都搞乱了。柳仲礼生性高傲，惹得几个萧家皇族成员一直不快活，跟他面和心不和，再加上柳仲礼如今天天在军营搂着美女喝酒玩乐，不理军政，导致勤王军队不知所从，各自为政，混乱不堪。本来侯景军队里很多士兵看到勤王军云集，觉得造反成不了气候，都生出抛弃侯景投奔朝廷的想法了，后来看到朝廷军队乱糟糟的没个样子，就又打消了念头，觉得还是造反更靠谱。

勤王军在后面围而不攻，给了侯景更多的机会，他借机驱赶军队对宫城进行长时间不停歇的攻击。宫城内的军民虽然缺吃少穿，伤亡惨重，但仍顽强抵抗，使反军徒劳无功。

只是在宫城攻守的关键时刻，羊侃病死了。这对宫城将士来说，是一个不小的打击。侯景之所以被拦在城外进不来，羊侃的指挥得当是重要原因。

侯景得知羊侃的死信后，攻城力度更强了，制造了多种新式攻城器械，其中有一种攻城车有好几丈高，每辆车上安装有二十个车轮，可以灵活自如地前后左右推动行走，还有专门用来运送泥土填埋护城河的蛤蟆车和可以放火焚烧城楼的喷火车，各种最先进的攻城武器都被用在了这次攻击中。除了这些，侯景还使用了地道战，派军士从地下挖洞，直通到城墙底下，直到城墙差点儿因基础不稳而发生崩塌的时候，宫城内的守军才发觉反军在地底下搞破坏。

随着反军的攻击力度不断加大，宫城险象环生，多次差点儿被攻破。经过四个月的艰苦抗击，宫城内的所有人几乎已经陷入绝境。大家在城内盼星星盼月亮地等着城外的援军从侯景身后发起攻击，赶快解除宫城险境。可是，这么长时间了，城外的各路勤王军队跟死了一样，没一点儿动静。

萧衍跟萧纲都急坏了，这咋回事呀，你们都在外面干啥呢？看风景呢还是逛街呢？当时宫城被反军包围，和勤王军音信隔绝，无法取得联系。为了跟侯景外围的勤王军联系上，一位名叫羊车儿的人向朝廷献上了一个传书送信的方法，说可以将纸折成飞鸟形状，然后用长线将纸飞鸟拴住，利用正在刮起的西北风，把纸飞鸟送上天空，让它飞往朱雀桥所在的东南方向，因为那是进入建康的门户所在，勤王军一定会在那个地方捡到掉落于地的纸飞鸟。当然，纸飞鸟上并不是空空如也，而是写着皇帝的指令和悬赏告示：“得鸱送援军，赏银百两。”任何捡到这个纸飞鸟的人，只要将其送给勤王军队，就会得到一百两白银的奖赏。

太子萧纲亲自拿着这个纸飞鸟，奔跑着趁风放手，纸飞鸟借助风力迅速飘向天空。萧纲放飞到天空的这个用纸折成的鹞鹰，就是风筝的起源。世界上第一只风筝诞生在硝烟弥漫的战场上，这可能是很多人没有想到的。因为风筝在现代人的意识里，是跟浪漫、娱乐休闲、放松联系在一起的，春光明媚、天高云淡的时节，家人朋友一起去公园或广场放风筝是常见现象，没想到它却是在如此窘境中发明出来的。

风筝的制作虽然简单，但它利用空气和风力驱动的升空原理启发了人们，后来，欧美国家的科技爱好者根据这一原理发明了载人飞行器。所以，南梁发明的风筝是世界上公认的最早的飞行器。可惜，这世界上第一个风筝并没有飞出多远就掉落到地面上了，是被反军用箭射落的。

那时候的天空很纯净的，除了鸟儿，没什么其他东西会持续出现在空中。反军突然看到一个巨大的似鸟非鸟的东西飘荡在空中，都感到万分奇怪，以为是城内守军使用的一种诅咒巫术，于是集体向飞鸟放箭，风筝中箭后就变得沉重，笔直地掉落地面。

这只风筝应该是刚刚起步，还没有被风吹高的时候就被反军发现了，不然箭很难射到风筝的。唐朝的时候也曾出现被围守军利用风筝传递军情的事件，风筝飞出两三百米高，围城军队跟侯景的反军一样，纷纷朝风筝放箭，但根本够不着。萧纲放出的这只风筝刚起飞就被射落，可能是由于他不懂得放飞技巧，毕竟是第一次接触这东西，也有可能是他饿得没力气跑动的缘故，因为城内缺粮已经很长时间了，每个人都是腹中空空，饥饿难耐。

宫城内没有吃的，在外攻城的侯景军也一样没有食物，也到了山穷水尽的地步，派军士出去抢掠都抢不到东西，因为建康城周边都已经被摧毁，老百姓早就逃难到他地了，没啥可抢的了。

本来皇宫东边的宰相府存有大量粮食，刚进城时，反军都是吃那里的粮食，但勤王军的到来把侯景跟宰相府阻隔开了，侯景只能每天咽着口水遥望东城宰相府的粮食。这样下去，反军很快就会不战自溃。

侯景急得跟热锅上的蚂蚁似的，不知道怎么办才好。宫城打不进去，四周的勤王军越聚越多，他最害怕的荆州军团已前进到离建康不远的江面上，即将到达秦淮河。进不了，退不走，侯景快绝望了。

生死攸关的时刻，王伟又给侯景出主意了。他叫侯景搞假和谈，向朝廷求和休战，然后趁朝廷松懈的当口，把东城的粮食运出来，并借机修缮武器，让士兵休息，待城内守军松懈时，发动突然袭击，夺下宫城。

侯景哪有不同意的道理？他马上派人去城内拜表求和，说我知道错了，请允许我带着军队安全地退回到寿阳。萧纲接到侯景的求和奏表后欣喜若狂，赶紧拿着去向萧衍汇报，没想到却碰了一头包，萧衍怒不可遏地将求和信扔到地上说："和不如死！"大概是这次被恩将仇报的侯景搞得太伤尊严了，老皇帝坚决拒绝跟反贼讲和。

但一心求和的萧纲苦苦劝说父亲同意和谈，说侯景围城已久，城外勤王军互相观望不肯出战，不如先答应和解，再做打算。萧衍迟疑了很久，最后还是答应了萧纲："汝自图之，勿令取笑千载。"萧衍无奈地告诫儿子，叫他认真审慎地去办好这件事，不要因为处理不好而让后人耻笑。

很显然，萧衍不像萧纲，他感觉到了这件事情的荒唐，哪有在国家机器运转正常，城外救兵云集的情况下，皇帝却去跟造反者签订和谈条约的怪事！禁军首领傅歧听说要跟侯景和谈后气得大骂说："岂有贼举兵围宫阙而更与之和乎！"

确实，这个时候答应和谈真是愚蠢得不能再愚蠢的决定，宫城只要顶住困难，稍微再坚持一下，侯景就会垮掉。当双方都处在绝境之中时，胜利往往属于坚持得更久的那一方。而就当时双方的条件，守城方明显优于攻城方，既有高墙保护，又有救兵环绕，虽然救兵没有动作，但只要他们存在于侯景的后方，侯景就会日夜担惊受怕，如芒刺在背。要是给双方的条件打分，如果萧衍父子有五十分的话，那侯景顶多只有二十分，因为当他乞求和谈的时候，他真的什么都没有了，粮食供应、军队士气、个人信心、战斗愿景……这一切他都没有了。可以说，只要不答应和谈，侯景就会自己跑路，因为形势已经让他连撑都撑不下去了。

这么明显的缓兵之计，皇帝和太子都看不出来，这样的智商，真的不适合管理一个国家。萧衍还嘱咐自己的儿子不要做出让人贻笑千载的糗事，其实，当他们父子一致同意跟侯景和谈的时候，就已经在史册上留下万年笑柄了。

如果仅仅是答应和谈，还不算多可笑，最可笑的是和谈之后萧衍发布的一系列不可理喻的命令。

侯景提出的和谈条件特别苛刻，他要求朝廷割让合州附近的四个州给他，然后送太子萧纲的一个儿子到他的大营中做人质，说只要答应这两个条件，他立刻动身西渡长江，退兵解围，回到大本营寿阳。宫城内一心求和，对这种无理要求不打折扣地满口应承。

于是双方在各自军营里宰杀牲畜，遥遥相对，歃血为盟，双方领导都不敢到对方的地盘上去，只能这样隔空发誓了。这个发誓说，我要是违背和谈盟誓，我以后走路掉沟里；那个赌咒讲，我要是不守停战和约，叫我的好朋友不得好死。大概就是这么个意思吧，反正发誓这玩意儿基本都是随便咧开大嘴巴胡说，糊弄人的。你赌咒说被雷劈死、被火车撞死，那概率得有多小？比中彩票都难，当真你就输了。

萧衍、萧纲这对天真的父子就输在当真上了，他们当真以为满足了侯景提出的条件后，侯景就会如约退兵。

讲和以后，双方休战。萧衍严格执行和谈协议，诏令各军不得向宫城推进，不得攻击侯景军队。趁着这个大好机会，侯景命令军队将城东宰相府的粮食全部搬运到西边的石头城内，彻底解决了军队的粮食问题，即使再在这里打一年仗，他的部队都不会缺粮。

得到喘息之后，侯景故意赖在宫城外不走。萧衍派人催他，你们怎么还不走呀？说话还算话不？侯景找各种理由推托，今天说，我没有船只，没法渡江；明天又说，我怕军队撤退时朝廷军队尾随追杀，你得把宣城王萧大器送到我方军营作为人质，他不来我不敢走。这要求真是太过分了，萧大器是萧纲的嫡长子，很明确的下一个皇位继承人，怎么可能送去当人质？很明显，侯景就是瞎提条件，故意找借口不动身。

从史书上看这段和谈的历史，我们会发现，整个和谈完全是侯景肆意玩弄萧衍、萧纲父子的过程，期间，侯景为了接下来更容易攻破宫城，消除自己的危险，有目的、有计划地进行“扫雷”，通过向萧衍提要求，假萧衍之手，排除了许多极有可能给自己带来性命之忧的障碍人物。

在双方刚达成和谈协议时，萧衍的三个侄子萧会理、萧退、萧彧带着三万人，风尘仆仆地从外地赶来救援京城，三人在今天的江苏省靖江市附近的江面会合，准备迎江西上攻打侯景。侯景担心这三人会引发其他军队的连锁反应，集体发动对自己的攻击，便跟萧衍提条件说，必须马上把这三个人的军队调到秦淮河南岸，不然的话，会妨碍我过江离开。

萧衍心想，我这三个大侄子在长江西边，你侯景在长江东边，一个在长江头，一个在长江尾，隔着好远呢，跟你过江有毛线关系啊！虽然知道这是侯景别有用心，但萧衍只想让这个瘟神赶快离开，于是马上命令萧会理他们移军走人。

可这三人按要求离开后，侯景的军队根本没动。不是说好要走了吗？怎么还没启程？萧衍正在纳闷呢，侯景又派人来告状了，说自己正想拔寨走人，有人凶神恶煞地恐吓他，吓得他不敢移营离开了，请皇帝为自己做主。

这显然也是故意找碴儿，谁那么不要命敢恐吓黑社会头子呀。其实侯景所说的恐吓，只是永安侯萧确和直阁将军赵威方隔着军营栅栏，对侯景放出的几句狠话而已。萧确是萧纶的儿子，他对爷爷被困宫城的事特别上心。

侯景之乱时，萧家皇室出现了一个奇怪的现象，那就是萧衍的侄子辈、孙子辈都对营救萧衍的事积极主动，个个恨不得早日打败侯景，救出皇帝；而萧衍的儿子们，也就是那些既得利益者，却对父亲被困之事漠不关心，都在坐拥重兵的情况下故意磨蹭、拖延，隔岸观火，根本不在乎萧衍的安危。

尤其是湘东王萧绎，他装模作样地带着十万荆州大军，却宁可在长江武汉段江面上无聊地兜圈子，也不愿迅速东下对侯景采取作战行动。这都是权力导致的私心在作怪。跟萧纲怕侯景攻破宫城后自己不能做皇帝而力举跟反军和谈的心理一样，萧绎不救父皇也是想当皇帝。见父皇和太子哥哥都被侯景包围在宫城里，他内心窃喜，巴不得侯景早点破城。如果父亲和兄长都死于侯景之手，那么他作为第一大军事集团的头领，就有机会争夺皇位了。

除了实力最强的萧绎，萧衍的另外几个握有兵权的儿子也对杀败侯景、救出父皇的事情一点儿不积极。后来兄弟几个窝里斗，争抢皇位倒是特别积极，打得那叫一个激烈。

萧正德虽说不是萧衍的亲儿子，但跟萧衍好歹也有过几年父子之实，可他早在跟侯景合作时就提出了一个特别的附加条件：“平城之日，不得全二宫。”萧正德要求侯景在攻破宫城之后，必须杀死皇帝萧衍和太子萧纲。

只有孙子辈的萧确因为侯景围攻爷爷而对其切齿痛恨，扬言绝不会善罢甘休：“天子自与汝盟，我终当破汝。”萧确跟将军赵威方对着侯景发泄心中的怨愤说，别看天子与你和谈结盟，我照样不会放过你，迟早要干掉你这个反贼！

侯景正好以此为借口，赖着不动身了，跟萧衍报告说他俩恐吓我，对我的生命安全构成了重大威胁，请皇帝把萧确和赵威方两人调进宫城之内，别让他们在城外待着，否则我不敢撤围退兵。只要他俩进入宫城，我立刻就上路。

萧衍完全被侯景牵着鼻子走，侯景说什么，他就办什么。既然侯景讨厌萧确和赵威方，那就满足侯景，让他眼不见为净。萧衍急令征召两人入城，并对两人的职务进行了重新任命，不让他们带军了，萧确被任命为广州刺史，赵威方则去盱眙当太守。

萧衍这一脚可把孙子萧确踢得够远的，从南京到广州，名副其实的远隔千山万水。为了讨好侯景，老皇帝也真是拼了。可萧确拒不执行命他进城的诏令，坚持要在城外跟侯景血战到底。萧衍多次派人催逼，萧确无论如何不愿意进城，申辩说侯景嘴上说要走，却不撤除对宫城的包围，明显是别有用心，不能调我回城。他父亲萧纶发怒了，下令威胁萧确说，如果他继续抗命，就让部下将他杀死，割下他的头去城内复命。胳膊拧不过大腿，萧确最终还是痛哭流涕地进了皇宫。

见孙子萧确入了城，萧衍松了口气，心想这下侯景总该离开了吧！然而现实却很快给了他一记响亮的耳光。这个时候的侯景，早已不是和谈之前那种弹尽粮绝的状态了，而是粮草充足，武器精良，外部威胁全被萧衍扫除的大好局面了。军师王伟见勤王军虽多，却互不统属，互不服气，从未对己方发起过大的攻击，知道宫城可破，便劝侯景不要撤军，继续坚持攻击。

为了使侯景死了退兵之心，王伟给侯景做了一番恐吓性的思想工作。他对侯景说，你起兵反叛朝廷到今天，干了多少坏事？大逆不道、包围宫城、逼淫皇妃、凌辱公主、破坏皇家祖庙……就是把你的头发全部揪下来一根根细数，直到你的头发全部数完，你所犯下的罪行都还没数完。你这样的人，如果撤围而走，天下再大也没有你容身的地方了，不如干脆背盟不走，继续攻城。

侯景一想，真是这么回事，自己一走，等皇帝缓过气来，还是要发兵把自己灭了，所以就豁出去吧，打进城去，把皇帝拉下马，你死我活，没有选择。为了使自己的攻城行为有站得住脚的理由，侯景还故意上疏，公布了萧衍的十条罪状，列举了萧衍的十条罪名，指责萧衍虚伪荒诞、好大喜功、拒谏饰非、涂炭生民、治国无能、教子无方等等。

当年贺琛也给萧衍大而化之地提了几条缺点，把萧衍气得跳起来，恨不得揪住贺琛的衣领，要他说出具体谁谁谁腐败，谁谁谁卖官。这次侯景说的是全裸版，明确地点名道姓，指明哪些政策荒唐，哪些皇子腐败。

侯景指出的这十条罪状虽说有夸大成分，但基本都是事实，因为在萧衍统治晚期，南梁确实已经被这个只热衷念经诵佛的老皇帝糟蹋得国将不国了。侯景在奏疏中对萧衍的满堂子孙给予了无尽的鄙视与嘲笑，在点名了萧纶、萧绎、萧会理等人后，侯景以揶揄的口吻说："亲为孙侄，位则藩屏，臣至百日，谁肯勤王！此而灵长，未之有也。"说这些人从血缘关系上看，都是你的亲儿、亲侄、亲孙；从职位上看，都是屏护中央的藩王，但我侯景抵达建康已经一百多天了，你的这一大帮子亲人，有谁肯出兵勤王？万物之灵的人类中，从来没见到过这样冷血无情、见死不救的人！

侯景是个满嘴跑火车的人，但他对萧家子孙的定性却是非常真实、准确、到位的。的确，他们几乎个个都是沐猴而冠的败类。

萧衍没等到侯景的撤军，却等来了指责、嘲笑他的"侯十条"，可以想象他的暴怒程度。太清三年三月初一，萧衍在皇宫内祭告天地，说侯景违背盟约，请求苍天神祇惩罚侯景，还虚张声势地命人擂动战鼓，向城外呐喊示威。

这时候，宫城内的守军真的连呐喊的力气都没有了。侯景刚围城时，建康城内有十几万人，其中有两万多名军人；但到三月份时，城内只剩下一万来人，能登上城墙作战的不满四千人，而这三千多人也都饿得个个骨瘦如柴，连走路都摇摇晃晃、喘息不止，这样的军队，还谈什么打仗？宫城的大街上到处是病死、饿死者的尸体，由于无人掩埋，血脓从腐烂的尸体上流出，注满了大街小巷的水沟，全城一片令人窒息的恶臭。

即便在这种地狱般的惨状中，城内军民仍然坚信勤王军会来解救他们，之所以现在还没来，是因为他们还在和反叛军战斗，等战斗一结束，叛军被打败，他们就解放了。他们根本不知道，城外的长江和秦淮河上，二十多万勤王军正在水面上逍遥自在，从没有以收复宫城为己任，不然侯景早没命了。

只有右卫将军柳津心里清楚，宫城这次是在劫难逃了，因为天天在城外搂着美女寻欢作乐的大都督柳仲礼就是柳津的儿子，柳津在城楼上都能看到自己的儿子在优哉游哉地玩乐。他对着柳仲礼大声责问道："汝君父在难，不能尽心竭力，百代之后，谓汝为何？"柳津的喊话与其说是责问，不如说是请求。你的君王和老父都身在危难之中，作为臣下和儿子，你手握重兵却不肯尽心竭力地营救，百年之后，世人将怎样评价你这种行为？

为了不刺激儿子，柳津都没说出"不忠不孝"这个古代人极为看重和在乎的人生重大污点专用词。他那番话等于是在提醒、呼吁、请求儿子，别搁那儿杵着不动了，赶快发兵攻打反贼吧，救出皇帝和老父！

面对老父亲深情的呼唤，柳仲礼言笑自若，毫不在意，跟没听见一样，继续喝自己的美酒，赏自己的乐舞，抱别人的美女。这人真是个特例，大概是脑子被肩膀上中的那一刀刺激坏了。

面对城外的侯景，萧衍问柳津有没有什么解围的好办法，柳津绝望地回答道："陛下有邵陵，臣有仲礼，不忠不孝，贼何由平！"在柳津眼里，儿子柳仲礼和邵陵王萧纶跟反贼侯景一样，都是不忠不孝之人，指望他们解宫城之危是不可能的了。

情势的确如柳津所料，宫城所有的希望都已经化成泡影，城破人亡近在眼前。

侯景掘开玄武湖堤坝，水漫宫城，趁着城内慌乱之际，侯景命令军队从四面八方展开攻击，昼夜不停，让城内那些本来就饿得没有战斗力的守军疲于应付。

而在这种恶劣的生存环境中，负责守卫宫城六门之一太阳门的萧纶的大儿子萧坚不但不体恤士卒，跟士兵打成一片，还经常打骂手下，成天赌博酗酒，士兵们十分痛恨他，就连他的两名亲信董勋、熊昙朗都对他恨得不行。于是两人偷偷投降了侯景，答应做内应，引领反军入城。

三月十三日凌晨，董勋和熊昙朗带领攻城反军攀上城墙。正在宫内值班的萧确拼力死战，想杀退反军，无奈寡不敌众，于是飞快地闯进内宫向爷爷报信说："城已陷。"萧衍刚刚睡下，闻听报告后，还有点儿不甘心地询问萧确："犹可一战乎？"这口气仿佛一个病入膏肓、生命垂危的病人留恋地问医生，我还能抢救得过来吗？只是这个时候，再没有谁有回天之力了。

萧确肯定地告诉爷爷，不能，人心全失，无人为战。孙子的回答让萧衍心如死灰，他躺在床榻上一动不动地喃喃自语："自我得之，自我失之，亦复何恨，幸不累子孙。"萧衍觉得天下从他手上得到，又在他的手上失去，正负相抵，也没什么可遗憾的，本来这天下就是他从别人手上抢来的，现在又被别人抢去，无非是从终点又回到起点，大不了就当自己当年没抢皇位，回归平凡尘世。

这种至死都执迷不悟的想法正是萧衍丧失天下的重要原因。一个亡国之君，对自己的昏聩、荒谬无知无觉，死到临头还坚持自己没错，错的只是抢夺他天下的反贼。这样的人，居然能在皇位上稳坐半个世纪，不知道这应该算误会，还是该算作奇迹。

司马光就萧衍的这一"得失论"批评这个长寿皇帝说："奸佞居前而不见，大谋颠错而不知，名辱身危，覆邦绝祀，为千古所闵笑，岂不哀哉！"一句话把萧衍自大、糊涂而又自我感觉良好的样子勾勒得特别传神。都国破家亡了，他还说幸好只是自己倒霉，没有祸及子孙。得要多糊涂才能说出这样的糊涂话！

从没见过亡国之君的后代不仅不受政治迫害，还能幸福万年长的，即便如他那般讲究仁慈、道德，当年夺位时也没少对萧宝卷的家族亲戚动刀子。现在他亡国了，他的子孙的生命怎么可能不受到波及？侯景后来把他萧氏子孙杀得血雨纷飞，连被他硬逼着拉进皇宫的萧确的生命也终结于萧家失去天下之后。

侯景破城之后，因为爱惜萧确的勇猛，不仅没有杀他，反而让他担任自己的贴身侍卫。因为天天跟侯景亲密接触，萧确便生出了行刺侯景的念头。马大哈的侯景对此毫无察觉，一如既往地信任萧确，经常拉着萧确陪他出去打猎。

萧确觉得打猎时正是刺杀侯景的最佳时机，于是在陪同侯景去钟山打猎的时候，他瞅准一个大好时机，弯弓搭箭，试图一箭将侯景射死。这一箭若是射出去，侯景定然没命。只是天不遂人愿，就在萧确拉满弓弦准备放箭的关键时刻，弓弦突然绷断了。随着弓弦的绷断，萧确也命断于此时，其他侍卫发现了他的暗杀意图，冲上去把他杀了。

不过这些都是后话了，当前要说的则是破城后的侯景。

攻破宫城后，侯景在萧衍面前的表现特别有意思。虽然他是胜利者，但侯景却一点儿也不敢放肆，在萧衍面前小心翼翼，畏首畏尾，像个初次面见强势公婆的丑媳妇。

按说侯景是通过武力打进城里的，皇帝已被控制在他的掌心，根据成王败寇定理，他完全没必要再把萧衍当领导对待，想怎么鄙视、怎么瞧不起都成。可侯景不是这样，他进宫后不敢直接去面见萧衍，而是叫王伟先去给萧衍递上自己的请罪奏章，诚恳地检讨说，我是迫不得已、被逼无奈才带兵入朝的，现在惊动了陛下圣驾，特意亲到宫门之下，听候处罚。

萧衍看完奏章后问道，侯景在哪里？叫他进来。不一会儿，侯景领着五百名全副武装的卫士来到萧衍面前。看到萧衍，他赶紧跪下磕头，然后老老实实地坐在殿下一侧。萧衍跟往常接见大臣一样，不紧不慢地跟侯景唠起了礼节性的家常："卿在军中日久，无乃为劳！"这是陌生人第一次见面寒暄的口气，你在军中征战的时间很久，是不是很辛苦呀。

其实这种话就跟咱们现在见面问的"吃饭了吗"一个性质，属于打破尴尬的无聊话题，纯为说话而说话，人家又不请你吃饭，才不管你吃过了还是没吃过，难道萧衍还真的心疼侯景戎马劳顿不成。但就是这么随意的一句家常式问话，因为出自皇帝萧衍口中，侯景竟紧张得汗流浃背，不敢回答，"景不敢仰视，汗流被面"。不光是窘迫得不敢回答，甚至连抬头看一眼萧衍的勇气都没有，一个劲儿地流汗，流得满脸都是。当然，这是一种由内而外的情不自禁，不是侯景自己能控制得住的。

见侯景不作声，萧衍继续问道："卿何州人？而敢至此，妻子犹在北邪？”萧衍这时候还摆臭架子，都成别人俘虏了，还装狠，责问人家竟然敢来建康皇宫。不过侯景还真被萧衍镇定自若的强大气场震慑住了，无论萧衍问他什么，他都傻傻地不敢回答。他旁边的部下尴尬得要死，实在看不下去了，只得代他回答萧衍的问话。

从皇宫出来后，侯景抹着脸上的汗对身边的亲信诉说自己面见萧衍的真实感受：“吾常跨鞍对陈，矢刃交下，而意气安缓，了无怖心；今见萧公，使人自慑，岂非天威难犯！吾不可以再见之。”侯景奇怪地说，我平常骑马奔驰疆场跟敌人作战时，从来不怕飞石利刃，即使面对刀光剑影，也从容不迫，了无惧色，但今天看到萧公的时候，内心却产生了畏惧，可见天子的威严真是难以冒犯。侯景心有余悸地表示，他以后再也不愿见到萧衍了。

于是，他下令将萧衍身边所有的侍卫和宦官全部清除，换上自己安排的人员，将萧衍控制在深宫之中。从这个时候开始，萧衍的皇帝生涯算是终结了，皇帝身份已有名无实，他成了被侯景软禁在宫里的只剩下利用价值且可以随时处决的囚犯。

从太清二年十月宫城被围，到太清三年三月萧衍被俘，仅仅五个月的时间，萧衍和侯景的身份就发生了极具戏剧性的置换，现实变化之快，让人难以相信，仿佛现代的小说、电影和电视剧情节。

五个月前，侯景就是一个寄人篱下的卑微的“南漂族”，多次可怜巴巴地给萧衍写信，请求他不要跟自己的仇人高澄发展友好关系；而短短五个月后，他就凌驾于这个自己当初视为救命稻草的帝国皇帝之上，控制了梁国的权力中枢。这种上天入地般的经历，都能归于神话故事序列了。而这个南朝神话的诞生，只是侯景带着八千名士兵，在二三十万勤王军的包围下，不慌不忙地创造出来的！

每每读起这段历史，都会生出一种不可思议的感觉，觉得这个历史事实神奇得让人感觉不真实，然而又确实是真实的。这种让人绝对想不到的事实，都是萧衍那些不争气、不成才的子孙拥兵观望、见危不救造成的。他们并不是没有打败侯景的力量；相反，他们拥有绝对的优势。当老皇帝萧衍和皇太子萧纲如他们所愿死亡后不久，他们就积极行动起来，互相内斗一番后都还能收复建康，了结侯景。有如此实力，如果他们一开始就积极领兵救驾，南梁何至于此？

所以，萧衍最大的失败，并不是军事上的失败，而是家庭教育上彻底的失败，那么多儿子、孙子、侄子中，一水儿的不忠不孝的白眼狼。对子孙无原则纵容袒护的恶果，萧衍终于自己吞了下去。

第七章　巴陵丧钟

侯景控制梁武帝萧衍后，挟天子以令诸侯。他入宫后办的第一件大事就是以萧衍的名义下诏，解散勤王军，命令建康城外的所有勤王部队立即撤围，各回驻地，从哪里来到哪里去。

这么多军队在城外围着，侯景的心一直是悬着的，生怕他们思想转变攻打自己，那他就完了，所以趁着萧衍还是名义上的天下之主的时候，借他之手解决后患。

城外勤王军接到撤军的诏书后，开会商议到底撤还是不撤。毕竟谁也不是傻子，都知道这时候的诏书不会是皇帝的真实意思，基本上就跟人质叫家里人往绑匪卡里打钱时的形势是一样的，嘴上说得再心甘情愿、无怨无悔，也是迫不得已。

勤王军总指挥柳仲礼当然也知道其中的道理，却一言不发。萧纶发言倒是很积极，第一个就撤军表态："今日之命，委之将军。"真是萧衍的好儿子啊，父亲在城里生不如死，作为亲儿子，萧纶竟无所谓地说，今天撤不撤军，全由柳将军你说了算。

而裴之高、王僧辩等少壮派将领则坚持讨伐侯景，"将军拥众百万，致宫阙沦没，正当悉力决战，何所多言！"裴、王两人作为属下，大概确实是看不下去了，才直接奚落、质问柳仲礼的。你身为拥有百万大军的主帅，竟然使宫城沦陷，这个时候正应该将功赎罪，全力跟反贼决一死战，何必再在这里磨磨唧唧地开会谈论撤军！

尽管很多人主张进攻，但柳仲礼并不支持，最后，所有勤王军一哄而散，侯景周围一下子变得清净无比，再也没有之前的隐忧了。而柳仲礼这个勤王军总司令不仅没有撤军，还为侯景添砖加瓦，带着队伍投降了侯景。

排除了外面的危险源点之后，侯景着手解决宫城内部事务，快速将建康城的一切都牢牢掌控在自己手中。而他第一个解决掉的障碍，竟是最初的亲密战友萧正德。

萧正德这个皇帝当得真不如侯景养的一条狗，侯景从来没拿正眼瞧过他，从头到尾都是在利用他。两人刚合作时，侯景满口答应攻破宫城之后，允许萧正德杀死萧衍和萧纲。萧正德满怀希望、激动万分地等待着手刃伯父萧衍和堂弟萧纲这一天的到来，好像整个下半生就指着这个杀人梦而活了。

宫城城门被打开的那一天，萧正德带着自己的本部人马，挥舞着手中寒光闪闪的利剑冲向城内，心急火燎地想去实现自己亲手杀死萧衍、萧纲的梦想。可令他没想到的是，侯景早做好了安排，提前叫手下拦在城门口，不许萧正德踏进城内半步。萧正德只好眼巴巴地看着别人进城，自己可怜兮兮地待在外面。

还有令他更没有想到的事，等他终于被批准进城的时候，才得知自己已经不是皇帝了，连当傀儡的资格都没有了。侯景彻底踹开了已失去利用价值的萧正德，拒绝再承认他的皇帝身份，只是任命他为侍中、大司马。

萧正德原以为杀死萧衍和萧纲后，自己能成为最大赢家，可以登基称帝，哪想到侯景过河拆桥的套路玩得这么溜，他心里还想着等自己君临天下后，找个机会把侯景干掉，好潇潇洒洒、快快活活、放放荡荡过一生呢。这心理落差太大了，萧正德一时接受不了，大骂侯景无耻、骗子、不守信用，骂完他又玩起了以前的把戏，决定离开侯景，做朝廷的卧底。

萧正德给鄱阳王萧范写了一封信，叫他率军进入宫城，自己在里面接应。不承想这封信在派人送出时，被城内的巡逻军士搜出。侯景得知信的内容，就叫人勒死了萧正德。

侯景真是个适合造反的人，心狠手辣，丝毫不念及萧正德为自己立的大功，说杀就杀。如果不是萧正德吃里爬外，侯景不可能进入建康城，连长江都过不了，最好的结果也不过是被萧纶带领的讨伐寿阳的军队打死在长江西岸。

而萧正德，不仅是萧家的罪人，更是历史的罪人，是他把魔鬼引入建康，导致万民涂炭，家园凋敝，可以说是死不足惜。

在解决萧正德的同时，侯景也在有意识地解决萧衍。

进宫后不久，侯景就削减了萧衍的各项生活待遇，基本上萧衍要什么都说没有，拒绝提供，渐渐地连一日三餐都懒得保障，到最后，干脆啥吃的都不给送了，萧衍整天饿得头昏眼花的。一个86岁的老人，哪儿经得住连续几天没吃没喝？很快，这位年轻时意气风发、横扫千军的南梁皇帝，便因饥饿而死。

对于萧衍死前的状态，史书是这样描述的："五月，丙辰，上卧净居殿，口苦，索蜜不得，再曰：'荷！荷！'遂殂。"侯景三月十三日破城，萧衍五月初二就饿死了。临死前躺在床上，因为口渴发苦，叫人给他送一杯蜜糖水喝。这大概是临死前的幻觉作怪吧，他忘记了自己早已不是以前那个要风得风要雨得雨的皇帝，而是被全世界抛弃的老头子了。连水都没有，哪儿来加了蜜糖的水？显然是在说胡话了。

萧衍留给这个世界最后的言语是两声"荷荷"，不知道是什么意思，也不知道该作何解释，有关于此的各种解读都是推测和想象，有的说是他死前发出的冲锋陷阵鼓劲儿的声音，有的说是悲哀的叹息，也说不定就只是啥意义也不代表的两声干咳呢。不管怎么推测，萧衍的这种非正常死亡都算是悲催的结局，贻笑千古。他是中国历史上唯一一个被活活饿死的皇帝。

当然，历史上也还有被饿死的王国一把手，比如著名的"春秋五霸"之首，成就了同样著名的丞相管仲的齐桓公，还有推行"胡服骑射"的赵武灵王，都是年轻时英明一世，年老时凄惨饿死。但他们都是诸侯国的国君，跟萧衍这个正统朝代序列里的帝国皇帝不是一回事。

萧衍这个人的一生真是奇特，很多别的皇帝怎么努力都无法做到的事情，他都轻而易举地做到了。几十年不碰嫔妃美女，他做到了；统治帝国半个世纪，他做到了；活到了那个年代不敢想象的86岁高寿，他做到了。可是，被饿死在皇宫里，也是没有哪个皇帝能做到的。

总结南朝的四大开国皇帝，可以说是各有千秋。从功业伟绩上看，刘裕堪称南朝第一帝；从登基速度上看，南朝第一帝的桂冠则属于萧道成；从救国危亡、拨乱反正的角度论，陈霸先则是当之无愧的南朝第一帝；而就在位时间来说，萧衍一个人是前面三人在位时间之和的五倍还多。

可是，有时候，长寿也并不见得一定是好事。比如萧衍，超长的寿命对他和他的国家而言，都是灾难的根源所在。他太能活了，真的是“活久见”，有生之年，他见到了老对手北魏的分裂，又见到了新对手东魏、西魏的衰落，还见到了新新对手北齐和北周的萌芽。人家皇位都传好几代了，就他这老祖宗还坐在皇位上发扬钉子精神，挤占年轻人的机会和位子。

对于一个普通人来说，长寿也许是好事；对一个皇帝来说，长寿也可能是好事；但对一个越老越糊涂的皇帝来说，长寿就是百分百的坏事了。而萧衍正好属于第三种情况。

不客气地说，萧衍就是活得太久，死得太晚。假如他75岁时死了，哪怕是80岁也行，对他个人而言，可以说死得恰到好处，后人对他的历史评价会比如今高出一大截。对南梁而言，至少侯景之乱不会发生，而没有侯景之乱，梁国不会垮台，百姓也不会遭受那么惨痛的兵祸。

再或者说，他80岁不死也行，只要他不贪恋权柄，在昏庸的老年时期主动把皇位让给太子萧纲，让年轻人早点儿上位，也不会发生后来整个长江流域的大破坏、大衰退。

萧衍的长寿恰如人们形容两汉间的另一个皇帝王莽的那句“假使当年身便死，一生真伪有谁知”的诗句，说如果王莽在伪装忠臣，伪装正直无私，伪装不好美色，还没有篡夺皇位的那个阶段，生命戛然而止，那么他留给史册的一定都是极其正面的英雄事迹。

同理，假如萧衍在还没有糊涂透顶，没有搞乱国家，没有收留侯景的时候，突然老死了，那么后来那些令他蒙羞，让他背上骂名的历史情节就没有机会发生。而没有了这些血淋淋的历史事实，萧衍的整个皇帝生涯，勉强给个“良好”的中评还是说得过去的。可接上了后面的那一小段时间，他的整个评分，毫无疑问，只能打个“不及格”。一个把国家推入战火，让国家四分五裂，使人民流离失所、家破人亡的皇帝，怎么能给打及格分？

萧衍一生最大的污点就是收留侯景，引狼入室。侯景是非常残酷嗜杀的古代战犯，自他进入建康后，这座当时引领潮流、举世闻名的大都市以及其东方同样富庶繁华的三吴地区便陷入了漫长的噩梦期，侯景把这片广袤的江南大地变成了大型杀人现场。

侯景进入宫城后，首先做的就是纵容手下士兵抢掠、奸淫，以此作为对士卒多日攻城战斗的慰劳，却不顾这些士兵魔鬼般的放纵都是建立在建康民众巨大的痛苦之上。

侯景带给建康这座“南梁第一城”的损害是毁灭性的，“自景作乱，道路断绝，数月之间，人至相食，犹不免饿死，存者百无一二”。侯景之乱爆发后，仅仅几个月的时间，以往富足繁荣的建康便沦为废墟，因为没有食物，百姓互相残杀，弱肉强食，胜利者将被杀者的尸体当作食物，很多人因为吃人肉而得病死亡。

而以前奴仆成群的皇亲国戚、豪门高官，都不得不亲自到野外采摘野菜充饥，因为饥饿而倒毙在田野、山谷、沟壑中的人数不胜数。战乱之前，建康城拥有数十万人口，到侯景进城的时候，有幸存活下来的不到百分之二，其余的，要么被杀死，要么饿死，要么病死，要么被别人吃掉了。人间地狱不过如此吧。

因为城内死人太多，到处都是尸体，侯景下令将尸体堆到一起全部焚烧，“景命烧台内积尸，病笃未绝者，亦聚而焚之”。那时候没有环保概念，因嫌挖坑埋葬太麻烦，一烧了之也属正常，但不正常的是，对那些患重病和受重伤但还没有死亡的人，侯景不但不给予同情和救治，反而把他们视为累赘，也扔到死尸堆里一起烧死。

建康因为侯景的到来而变成一座死城，然而，灾难并不局限于建康。在向广陵、吴郡、会稽、吴兴郡等地扩展势力时，侯景公开实行屠城政策，鼓励手下将领以杀树威，“破栅平城，当净杀之，使天下知吾威名”。侯景明确要求前线将领，攻下一座军营和城池后，要杀光所有人，要让全天下人都知道他侯景的威名，从而不敢抵抗他的进攻，见到他的军队到来就自动缴械投降。

他的部下以他这句话为宗旨，每次打胜仗后都施行狠毒的烧杀抢政策，发展到后来甚至把杀人当成一种娱乐放松的休闲活动，杀个人就像割把草似的，大家嘻嘻哈哈地砍头破膛，把人们挣扎的惨状和痛苦的号叫当成充满感官刺激的视听盛宴。

侯景在江南横行的两三年里，这个曾经人烟稠密的富庶地区，被他杀得人烟稀少，尤其是他当初求婚不成的王谢两大家族，更是遭到了有意地报复性屠杀和侮辱。此后王谢家族逐渐淡出中国历史舞台中心，跟侯景的这次种族灭绝般的杀戮有相当大的关联。

在攻下广陵（今江苏省扬州市）后，侯景将指挥民众守城的广陵太守祖皓绑在木柱上，然后命士兵往他身上射箭，最后祖皓的身体上密密麻麻地插满了箭。这还不算完，接着他又将祖皓五马分尸。大家可能不熟悉祖皓，但他父亲大家可能还有点儿印象，就是建议萧衍不要在淮河修建拦水大坝的祖暅，他爷爷大家就更熟悉了，大名鼎鼎的祖冲之。

对太守如此，对广陵城里的老百姓，侯景更是变着花样地残酷杀害，“城中无少长皆埋之于地，驰马射而杀之”。他把城中百姓都赶进挖好的土坑里，无论男女老幼，然后填土掩埋，但不是全身都埋进土中，而是只埋腰部以下，把上身暴露在外，方便士兵屠杀取乐。士兵们随马奔驰，在马背上或射箭，或挥刀，或戳矛，以半身埋在土中不能动弹的百姓为靶子，玩起杀人游戏。

侯景还发明了一种超级残酷的杀人方法。他令人用巨大的石头凿出一个捣米碓。捣米碓是古代的舂米工具，由石锤和石臼两部分组成，稻子放在石臼里，然后利用杠杆原理，用脚控制石锤从高处准确地砸进石臼中，石臼落下时产生巨大的冲击力，稻壳会在被石锤多次撞击后破碎，和米粒分离。

但侯景叫人做成的捣米碓不是用来舂米的，而是专门用来杀人的。他把反抗者丢进石臼中，然后反复用石锤砸，石臼里的人不一会儿就会被砸成肉泥，场面血腥酷烈，令人不寒而栗。

这种杀人法后来被唐朝的乱军首领黄巢所借鉴。因为缺乏军粮，黄巢军便以吃人充饥，大规模抓捕百姓，人抓来后直接投进大石臼中捣碎当军粮，真正的吃人不吐骨头。

在侯景肆虐建康的那段时间里，因为大屠杀和灾荒，百姓流离失所，大量人口死亡，江南地区一片凄凉，“千里绝烟，人迹罕见，白骨成聚，如丘陇焉”。广阔的大地上看不见一丝炊烟，没有人家生火做饭，因为谁家都没有粮食，所有的人都去摘树叶、挖草根填肚子，许多人挖着挖着、走着走着就死了，到最后，路上基本看不见人了，差不多都死光了，能看见的只有累累白骨，到处堆垒得跟小山一样。

侯景的到来，就是江南地区灾难的到来，这种人祸造成的民众死亡人数，甚至胜过地震、洪水等自然灾害。一个魔鬼，毁灭了一切。

侯景在建康站稳脚跟后，便开始向周边进攻，扩大根据地，以保障建康的军事安全和物资供应。他的第一个攻击目标锁定了三吴地区。所谓“三吴”就是指当时的吴郡、吴兴郡和会稽郡，分别对应今天的江苏省苏州市、江苏省湖州市和浙江省绍兴市，大概的方位是江苏南部和浙江北部地区这么一块儿地方。

三吴地区自被南渡的大批晋室士族人才大开发以后，十几个世纪里，一直都是热闹、发达、繁华之地，无论是哪一朝乱世，到最后都以这个地区为大后方、大粮仓，然后或东山再起，或立国创业。直到现在，江浙地区依然是淘宝首选的包邮之地，是中国经济的动力所在。正因为持续繁荣，到宋朝的时候，大才子柳永还在作品里发出“东南形胜，三吴都会，钱塘自古繁华”的感慨之语。

三吴地区在梁朝的时候，已经是个很成熟的经济开发区了，最富裕的世家大族多集中在这一块儿，大商人、大老板、大产业在三吴地区扎堆存在。所以侯景想打下这一片地区，使建康东南方一直延伸到大海的地方都成为自己的地盘，然后再以三吴为后盾，经略长江中上游，灭掉萧家在长江中上游所有的军事力量，统一南方，做萧衍那样的南方大帝国的皇帝。

侯景在三吴地区的军事行动顺利得让他意料不到。他三月才进宫城，到十二月的时候，就将三吴之地尽收囊中。这个地区的人由于承平日久，都太不会，或者说不敢打仗了。

像第一个被破城的吴郡，侯景派遣部将于子悦带着几百个老弱残兵，携了十天口粮去攻打。于子悦自己都有点儿腿肚子发软，这么少的军队，这么短的时间，怎么打呀！当时吴郡有五千名精锐守军，郡守叫袁君正，他的手下给他出主意，叫他不要迎战，紧闭城门，困守个十几天，敌人自己就饿死在城门外了。可袁君正和当地的一些富贵人家害怕万一守不住，到时候会死得很惨，家产也保不住，便不作抵抗，开门迎客。

于子悦还没到吴郡，袁君正就带着大米和酒肉跑到郊外，热烈欢迎于子悦的莅临。原以为于子悦伸手不打笑脸人，看在自己大老远亲自热烈欢迎的份儿上，能放自己一马，没想到，于子悦进城后的第一件事便是逮捕郡守袁君正，并在城内大肆奸淫烧杀，抢劫掠夺金银财宝和美女。

而剩下的“两吴”虽然进行了抵抗，但战斗力不值一提，所以侯景很快就完成了他的第一步战略目标。

三吴心脏之地之所以那么快归于侯景，一方面固然是守城军不行，但更重要的原因是南梁其他军事力量没有介入。

在侯景紧锣密鼓攻打三吴的时候，本来应该屏卫朝廷的萧家藩镇郡王萧绎、萧纶、萧誉等人却在火热朝天地打内战，每个人都使出了吃奶的力气，想把其他的兄弟子侄干掉，最好全国只剩下自己一个姓萧的，那样就可以百分百名正言顺地当皇帝了。

拿下三吴后，侯景着手进行自己的第二步计划：逆江而上，用兵方向直指长江最上游的荆州地区。建康离荆州的距离有点儿遥远，侯景的心也真是大，胃口也不小，他觉得他可以打到那个地方。

由于萧家的王爷们都在热火朝天地忙着内斗，侯景的军事行动推进得特别顺利。在进入建康城后的两年时间里，侯景相继夺下了江州、郢州以及赣江流域的豫章等多个重要江防重镇，包含今天的九江市、武汉市、南昌市在内的这么一块儿超大的区域，都是侯景的势力范围，最厉害的时候，号称二十万水军，当然这是侯景吹牛的，实际上只有几万人。

侯景占领郢州，也就是现在的武汉区域的时候，是他权势滔天的全盛时期。郢州离荆州已经不远，只要随着长江走势，向南下到巴陵郡，再由巴陵转弯西行，就是荆州了。只要打掉了萧绎主导的荆州军团，侯景就算正式地平定天下，高枕无忧了。

为了尽快兵指荆州，侯景留王伟守建康，亲自率军沿江而上，和手下干将任约、宋子仙联兵一处，互为支撑，共同向荆州进军，很快便军抵巴陵。

在巴陵，侯景遇到了令他梦断长江的强劲对手——王僧辩。末代南梁，随着天下大乱，出现了两个中流砥柱级别的大将，一个是王僧辩，另一个是陈霸先，这个人后来创立了自己的国家——陈国，也是南朝的最后一个国家，史称南陈。下一本书中，陈霸先将会有全面的呈现，现在的主角是王僧辩。

王僧辩是萧绎的绝对心腹，萧绎到哪儿他到哪儿。萧绎任丹阳尹的时候，王僧辩跟着去了丹阳；萧绎镇守会稽时，王僧辩同样随从；萧绎掌管荆州时，王僧辩依旧形影不离地跟到了荆州刺史办公所在地的江陵。因为这层亲近关系，更因为王僧辩自身所具备的将帅之才，在得知侯景率军西上时，萧绎便委任王僧辩为大都督，率领宜州刺史王琳、定州刺史杜龛、巴州刺史淳于量、郴州刺史裴之横等人东下增援郢州。

王僧辩带着大军东下时，郢州还在荆州军手里。萧绎不想失去这个重要支撑点，叫王僧辩加快行军，力保郢州不失。可王僧辩来晚了，他刚行进到巴陵郡江面，前方就传来了郢州失守的消息。王僧辩知道情况不妙，立即命令军队进入巴陵城，据城防守，做好迎击侯景的战斗准备。

事实果如王僧辩所料。侯景在夺取郢州后，乘胜前进，派宋子仙率领一万精兵作为先锋去攻击前方的巴陵，再命任约带人直扑江陵，自己则领着水、陆两军主力部队在后面压阵跟进，意欲花开两枝，一鼓作气搞定巴陵和荆州。

巴陵，即今天的湖南省岳阳市。范仲淹一篇千古传诵的《岳阳楼记》让岳阳名噪天下，不过南朝那时候，巴陵还没改名叫岳阳，岳阳楼也还叫巴陵城楼。侯景叫宋子仙赶快攻下巴陵，自己好到那高大的城楼上去喝酒、吃肉、看风景。宋子仙还真没让侯景失望，行军途中，他的大军所到之处，萧绎辖下长江两岸的军事据点和江面上的侦察巡逻舰船，全都因害怕遭到攻击而望风投降。不过王僧辩守卫的巴陵城，成了侯景和他的西进军团的滑铁卢。因为王僧辩的存在，侯景的西进之梦止步于此，且快速魂断梦碎。

侯景对巴陵城的攻打用了大心思，把全套攻城手法都使用了一遍。先是派五千名敢死队员拿着大刀硬往城里冲，城头上飞箭流石，密如雨下。攻城军每冲锋一次就倒毙一大片，前后冲了几次后，发现伤亡太大，军队承受不了，歇了。

没想到第二天，侯景还是使用不顾一切冲冲冲的老办法。不过这次虽然还是昨天那样的硬冲模式，但看上去是升级版，同时从十几个不同的地方发起冲击。城内守军也相应地变换了手法，增加杀人装备，加大杀伤力，除了射箭、砸石头，还使用火攻，将木头、火把点着了往下扔，烧得攻城军没法接近城墙。

见对方用火攻，侯景也效仿，用许多大船装上易燃物质，点着火后驶向城外军营的木栅栏。看着大火映红了天，侯景心里乐开了花，寻思着这下王僧辩要变成烤肉了。没承想，火船刚行驶出不久，水面风向突变，将火船吹回到侯景军的方向了，别人没烧着，自己却差点儿成了烤肉。

之后，侯景又采用了土方填埋护城河、集中所有高大楼船全力攻击一个阵地点等多种方法，但任他方法用尽，就是撼不动巴陵城。

侯景对巴陵城特别上心，他急着要打下这座阻挡自己前进的堡垒，好尽快去荆州完成自己的宏图大业。为了督促将士奋力攻城，侯景每天盔甲鲜亮，全副武装地在阵地上坐镇指挥，现场拍板各种攻城方案。而侯景的对手王僧辩却表现得从容悠闲。

同样是阵前督战，王僧辩宽袍大袖，不穿军装，乘坐着精致的小轿，在城头巡视时，还有仪仗队在前面吹奏音乐，王僧辩在音乐声中踩着节拍，视察部队，慰问士兵。“景望之，服其胆勇”，同为一军最高指挥官的侯景在城下看见王僧辩面对自己的暴力攻城，却能如此不慌不忙、云淡风轻，也从心里佩服他的勇气。

然而，对手的勇敢正是自己的梦魇。面对王僧辩这样的对手，侯景无计可施，黔驴技穷了。他在巴陵城下快节奏地狠打了近两个月，没取得一点儿战果不说，反而损兵折将。最要命的是，他的军队撑不下去了，一来是军中粮食已经吃完了，二来由于瘟疫传染，他的军队减员严重，士卒死伤人数超过一半，没法再打下去了。

这个时候更让侯景心惊的是，萧绎为了支援王僧辩，已经派出大将胡僧祐率军从水上疾驰赶往巴陵。侯景知道，胡僧祐要是一来，自己这支已打得上气不接下气的军队立马玩完，他急令前往江陵的任约在途中截击胡僧祐，把这支援军就地解决，化解自己两面受敌的风险。

任约是一员猛将，侯景的好多地盘都是他打下来的，他跟宋子仙可以说是侯景的左膀右臂，两个人共同撑起了侯景这个大脑袋。接到侯景的指令后，任约在胡僧祐必经的江面上伏军等候。可胡僧祐见任约在前方阻拦，根本不和他打照面，转头从别的地方绕道而行。

任约见胡僧祐逃跑，跟在他后面猛追，边追边在后面高喊："吴儿，何不早降？走何所之！"任约大概是胜仗打多了，在胡僧祐的屁股后面很轻蔑地责令他早点儿投降，说你这个东吴娃儿，还能往哪里逃，我已经锁定你了，缴械不杀，饶你不死。

任约做梦也没想到胡僧祐这是故意麻痹他的计谋，后来胡僧祐突然掉头反戈一击，把追兵杀得伤亡殆尽，任约自己都被生擒活捉。这人挺有意思，老大嗓门跟在别人屁股后面催别人投降，结果自己成了别人的俘虏，这剧情反转的，真是让人吃不消。

任约兵败被抓的消息传到侯景那里后，侯景知道攻克巴陵彻底无望了，自己得赶紧走人，不然等其他荆州军赶到，想逃都逃不掉。这时候，侯景再也不想去荆州了，他归心似箭，恨不得插上翅膀，立刻飞回安全无忧的建康城。于是，侯景下令焚烧巴陵城外的己方军营，让宋子仙等人继续留守郢州、江州，自己趁着夜色的掩护，带着八千名直属部下顺流而下，没命地向建康狂奔而去。

可是，即便是轻装逃命，也很难一帆风顺。在今天的安徽芜湖、马鞍山这段江面上，侯景的残兵败将遭到了豫州刺史荀朗的水军的袭击，侯景不敢恋战，好不容易才突出重围，夺路而逃，不顾一切冲向下游不远处的建康。

虽然丢盔弃甲，跌跌撞撞，但侯景总算安全地逃回了大本营建康，只有在建康城，他才是绝对安全的，拥有绝对的权威，绝对至高无上。只不过，这些个绝对，在损兵折将的巴陵决战之后，就变得来日无多了。侯景的丧钟，在他攻打巴陵郡的时候，就已经轰然敲响了。

第八章　过把瘾就死

回到建康，侯景就像是回到了天堂。在这座天子所在的都市里，侯景的权力比天子大，天子只不过是他手上的一个政治工具，他想要这个工具发挥出什么功能都行，不高兴的时候，毁灭这个工具也是小事一桩。

这会儿的天子是萧纲。萧衍死后，侯景做主，立皇太子萧纲为帝，改年号为大宝，史称简文帝。

萧纲的人生挺悲催，20多岁的时候，天上掉馅饼砸中了他，被萧衍违反常规立为太子。初当上太子那会儿，他内心窃喜，以为年近古稀的父皇活不了几年，自己登基称帝指日可待。谁知道父亲那么长寿，他眼巴巴地等了小20年，萧衍还是身体倍儿棒吃嘛嘛香，大有万寿无疆的趋势。要不是侯景造孽，萧衍还不知道会活到哪一年呢。

终于有一天，父皇死了，按规矩，自己总算可以登基继位了，但却又悲催地落到了侯景手上。对简文帝萧纲而言，现实不仅悲催，而且残酷。他名义上是一国之主，但实际上什么主也做不了，一切都是侯景在背后操控的。

萧纲称帝后，侯景以皇帝的名义晋升自己为相国，加封汉王，拨二十个郡作为采邑之地盘，并且给自己增加特殊权力：入朝不趋，赞拜不名，剑履上殿。当年刘邦给第一功臣萧何的待遇就是这种超级特权。上朝拜见皇帝，可以腰悬宝剑，看到皇帝不需要像屁股着火似的小步快跑，可以慢吞吞地走到皇帝跟前。侯景觉得这是非一般的酸爽感觉，自己要跟萧何享受一样的待遇，于是就给自己制定了一个这种待遇，拿去让萧纲用玉玺盖个印，立即生效。

后来他嫌这些还不过瘾，又给自己加封了一个军事职务：宇宙大将军、都督六合诸军事。当侯景把拟好的诏书交给萧纲盖章时，萧纲惊讶万分地说："将军乃有宇宙之号乎！"萧纲是个博古通今的学者型皇帝，文化素养很高，然而任他见多识广，也未曾见过这样狂妄自大的称号，所以当他看到这五个字时，不由自主地惊呼道：将军怎么竟然还有"宇宙"这样的称号！

这是中国古代最牛的将军称号，没有之一，空前绝后。侯景之前没有人用过这样的称号，之后也没有谁效仿过，因为毕竟像侯景这样的傻缺真的是太稀有了。他幻想自己当上宇宙大将军，都督天上地下、东西南北六合方位所有的军事力量，差不多就是上管天、下管地、中间管空气这样的不着调的虚无职称，没有一点儿实际意义。

对侯景的任何要求，萧纲都只能无条件答应。侯景不但对他要官要特权，还要他把女儿溧阳公主嫁给他。溧阳公主是梁武帝萧衍最宠爱的孙女，当时大概十四五岁，美丽大方，精通音乐和诗文，标准的美女加才女。侯景和萧纲年龄一样大，都是503年出生，到他进城这年已经47岁了。把鲜花一般的女儿嫁给这么一个丑到猥琐的油腻中年男，萧纲觉得太对不起女儿了，但侯景必欲得之，没有办法，萧纲只得忍痛认下了这个跟自己一样大的女婿。如果不答应，侯景一定会硬抢的。

这个集丑、矮、瘸于一身的羯族男人非常好色，带兵进入建康后，他奸淫了数不清的嫔妃、公主和宫女，只要他看上了，就抓来供自己泄欲。他不但娶了萧纲的女儿，还强娶了之前在守城时将他的军队杀得伤亡惨重的大将羊侃的女儿为小妾，也不知道是为了报复羊侃还是贪恋羊侃女儿的美色。

不过侯景沉迷溧阳公主的美色是有真实的历史记载的。自打把溧阳公主娶回家后，侯景对这个小美女王妃宠爱得不行，爱她爱到骨头里，不分白天黑夜跟她待在一起玩乐，把军政大事都丢到了一边，没时间也没兴趣去处理那些复杂烦琐的事务，把所有的精力都放在溧阳公主身上。

王伟见他这样沉迷温柔乡中，多次规劝他远离公主，专心事务。结果侯景前一分钟听到这样的劝告，后一分钟就把这话告诉了溧阳公主。这么一来，溧阳公主恨死王伟了，每次一见到王伟，就逮住他不停地责骂。

溧阳公主的态度让王伟十分害怕，他担心这样下去，时间久了，侯景一定经不住公主枕边风的柔吹，到时候自己肯定会遭到谗言陷害。为了自保，防患于未然，王伟决定趁早劝侯景除掉萧纲，这样溧阳公主就会因为失去大树依靠而不能对自己造成生命威胁了。

侯景虽然不让萧纲做主，不给他真正的皇帝权力，但一时真还没想过要废黜或杀掉萧纲。侯景确实有当皇帝的心思，但他的计划是，等南方全部平定后再后顾无忧地称帝。在侯景眼里，东吴南人大多胆小如鼠，懦弱怕死，容易对付，自己只要稍微再加把劲儿，就能干干净净地肃清南梁军队了，到那时再说江山一统。

可他的理想很快就被现实击碎。自从从巴陵狼狈逃回后，侯景对胜利完全失去了信心。因为损失了任约、宋子仙、丁和等多名重要将领，侯景感觉末日即将来临，“自恐不能久存，欲早登大位”。侯景知道，按照目前的形势，他控制建康的局面不会太久了，因为王僧辩已经指挥着荆州军一路向建康杀来。侯景觉得，既然快不行了，那不如趁早登基称帝，过一把当皇帝的瘾，至于以后怎么样，管他呢，先当皇帝再说。

侯景的这个想法正好跟王伟想除掉萧纲的想法对口。毕竟是首席军师，王伟的话，侯景几乎不表示反对，他也没那智商反对，跟王伟相比，侯景的智商属于余额不足急需大量充值的那种。好比这次的废黜萧纲，很显然是王伟夹带私货，将个人恩怨上升到合理化建议的高度，郑重其事地提供给侯景。

当王伟得知侯景现在就想当皇帝时，马上表示支持，但并不是完全的无条件支持，而是把废黜萧纲当成了称帝路上必须施行的条件，“自古移鼎，必须废立”。王伟告诉侯景，当皇帝得讲究规矩，自古以来，改朝换代，都必须要经过一道重要的过渡程序——罢黜旧君王，拥立新君王。意思就是，侯景要想做皇帝，先要废黜现皇帝萧纲，然后再拥立一个新皇帝，最后再把新皇帝踢走，自己当皇帝。

王伟的这种说法有一定道理，不少朝代皇帝更替时的确是按照这个套路走的，但也并不像王伟所说的那样“必须”要办。一个人既然都有实力称帝了，也就没有必须要办的事情了，办不办完全取决于这个人的个人喜好。南朝之前，战乱频繁，城头变幻大王旗，不少国家的帝位传承都没有经过王伟所说那种必须“三步走”的程序。但侯景不知道呀，听王伟这么一说，他觉得必须要这么做，先废黜皇帝萧纲。

废掉个皇帝对侯景来说是小菜一碟，马上搞定。他找人以萧纲的口气写了一封禅位诏书，主要内容是这样的：“弟侄争立，星辰失次，皆由朕非正绪，召乱致灾，宜禅位于豫章王栋。”这封退位诏书的内容还是来自20多年前，梁武帝萧衍在太子萧统死后，不立皇长孙萧欢，而立萧纲为皇太子的后遗症。20多年过去了，这件不合正统规矩的废立太子案又被翻出来作为政治事件而重炒，绝对是当年凭个人好恶草率从事的萧衍万万想不到的。

而且即使有侯景这个大敌当头，此时此刻，萧绎还在跟自己的几个侄儿为争夺皇位互相攻击。萧纲的退位诏书向天下明言，说之所以到现在我的弟弟和侄儿们还在为争夺帝位而骨肉相残，都应该怪罪于我，由于我的身份不正统，以庶夺嫡，致使星辰运转失去秩序，才招致战乱和灾祸。现在，为了使星辰正位，我顺从天意，自愿把皇位禅让给豫章王萧栋。

萧栋是萧欢的世子，继承了他爹豫章王的爵位。按照传承次序，皇太子萧统死后，应该由萧统的嫡长子萧欢继任太子之位，不过这时候最正宗的皇位继承人萧欢已死去好多年了，那么按照次序，萧欢的嫡长子萧栋无可争辩地成为第一皇位继承人。萧纲让位，只有让给萧栋才是最合法的，符合法理，自然而然，任何人都不会有异议。

侯景这一出弄得还真像是萧纲心甘情愿、自觉主动地把皇位让出来的呢，看国家这么乱，我萧纲猛然良心发现，还是位归原主，把本不属于我的皇位送还给我大哥家吧！其实吧，萧纲恨不能把侯景活撕了。侯景在萧纲事先啥都不知道的情况下，就把写好的禅位诏书送到了他面前，叫他一字不落地照着抄写一遍，然后盖章发布天下。萧纲没辙，只能按照侯景的吩咐办，宣布将皇位让给侄子萧栋，随后便被侯景派来的一队骑兵带走，囚禁在皇宫中一处隐秘的院落里。

萧栋当时也是被软禁的状态，他跟其他的萧家皇室成员一样，在宫城失陷后被侯景限制自由，监视居住。萧栋跟妻子住在一起，两人没有粮食吃，平时就靠吃自己在院子里种的蔬菜充饥。萧纲被废黜那天，萧栋和妻子张氏正在地里锄草，突然一大群人带着皇帝专用的仪仗法驾来到他的菜地里，说迎接他入宫当皇帝。萧栋哪儿敢相信呀，说不带这么开玩笑的，会死人的。

也确实不怪萧栋不敢相信这是真事，这次皇位禅让实在是太草率了，如同儿戏。关于禅让，以前本书也详细地讲述过，即便每个人都知道那是假的，是完完全全的强迫权力转让秀，但受禅方都是非常重视仪式的，有一套正规的转让流程，必须要完整地完成这个仪式，皇位才算交接完毕。没有像大老粗侯景这样，毫无征兆地跑到人家里，把人拖到皇帝专用仪仗上说，快随我进宫去做皇帝吧！这事发生在谁身上，谁都以为是做梦呢。

来人解释了好半天，萧栋才知道是咋回事，泪流满面地坐上了辇车。没有人解释得了萧栋此时流泪哭泣的真实心态，或许他是高兴从此以后再也不用只靠蔬菜果腹了，也或许他准确地感觉到了凶险环生的未卜前途。但无论怎样，他都不能控制当前的局面，更无力控制结果，只能被动地听从安排，因为他们拥有的任何东西都不属于自己，包括生命。这是末代皇室成员的共同遭遇。

萧栋的遭遇暂时比其他萧家皇室成员还好一点儿。侯景在废黜萧纲后，立即对萧家皇室实施大规模屠杀，在建康的不在建康的都没放过。萧纲的儿子萧大心、萧大钧、萧大球、萧大连、萧大春，甚至包括皇太子萧大器在内的二十多个皇室成员被接连处死。

在萧家这些皇三代中，萧大器算是一个有情有义、有胆有识的好青年。他是为了陪在父亲身边尽孝道，主动跑进建康城送死的。

侯景在西上进攻时，特意把萧大器这个皇太子带在身边做人质。不过在巴陵败北逃归途中遭到荀朗伏击后，侯景慌乱逃命，船队被打得七零八落，首尾难顾。萧大器所在的舰船被冲散到长江支流枞阳河，远离侯景部队。同在舰上的亲信劝他抓住这一脱离侯景控制的绝佳时机，转向驶向北齐国。萧大器毫不犹豫地拒绝了，他说他不忍心离开被反贼控制在建康的父亲独自偷生，随后命令舰船自投罗网，跟着侯景又回到建康。

不过萧大器对侯景很不客气，在侯景面前从来不是畏首畏尾、低声下气的状态，而是态度傲慢，经常对侯景大声呵斥，表达不满。他的亲信对他的这种临危不惧的态度既敬佩又不理解，曾迷惑不解地向他打听原因："殿下今居困厄，而神貌怡然，不贬平日，何也？"太子殿下你现在天天身处险境，但神色平静得跟过去一模一样，请问你是怎么做到的？

萧大器的回答颇显视死如归的精神。他告诉亲信说，我断定自己一定会死在侯景反贼之前。因为无论形势怎么发展，我作为皇太子都必死无疑。如果我的各位叔父能够打败侯景，侯景必会在败亡之日先杀死我然后再死；如果叔父们勤王失败，他也会杀死我夺取皇位，谋求荣华富贵的，"安能以必死之命为无益之愁乎！"萧大器的最后一句话真是掷地有声，既然结果已经注定，那我又何必用一定会结束的短暂生命去应付只会徒增烦恼、毫无益处的忧愁呢！

萧大器这个才20来岁的小伙子相当明智，能准确洞察时局，将形势分析得中肯、到位，是一个合格的皇位接班人。可以想见，如果当初萧衍没有霸着皇位不放，尽早传位给萧纲，有着如此清醒的头脑的萧家第三代皇储，是有希望将梁国带向好的未来的。只是这些都是假设，真实的历史是萧大器被侯景害死了。

临死前，萧大器面不改色，谈笑自若。当行刑人员准备用衣带绞死他时，他淡定地提醒说，这带子太细，绞不死我，拜托你们换个工具。然后环顾四周，指着系扎蚊帐的绳索对行刑者说，喏，把那根绳子解下来就可以了。这场景，想象一下，令人唏嘘。一个风华正茂的年轻人，高高兴兴地指挥别人拿绳子勒死自己，还指定了一根专用夺命绳，这画面，残酷到让人不忍想象。

萧大器死后仅过了一个月，王伟又怂恿侯景杀死萧纲，说除掉萧纲，可以杜绝民望，就是让天下忠于萧家的黎民百姓没指望。你看，皇帝都死了，你们就别有什么想头了，老老实实接受改朝换代吧。上次劝侯景废黜萧纲，王伟用的也是这个理由，说废黜了萧纲，就能断绝百姓对萧家的向心力。王伟忽悠起侯景来还真是简单，大比分完胜，两次忽悠，连借口都不更换一个。

对于废黜萧纲一事，侯景的心腹太尉郭元建听说后，觉得事态严重，赶忙从外地飞奔到建康劝谏。他对侯景说，萧纲是先帝萧衍立的老牌太子，又没有过失，怎么能随便废黜，这会引发严重的危机。侯景说，我哪儿知道啊，都是王伟教我这么干的，他说废黜皇帝可以早除民望，所以我就听他的了，以使天下早些安定。

郭元建觉得这人真是猪脑子，怎么当上领导的呀，但又不太敢表现出来，只能生气地给他讲形势，说萧纲是我们控制在手上的最大宝贝，我们挟天子以令诸侯还担心全国不听指挥，害怕大事不能成功，你现在无缘无故把皇帝赶下宝座，是在玩火自焚，为自己制造危机，哪里能使天下尽早安定?

侯景当初听王伟说话的时候，觉得王伟说得有道理；现在听郭元建的话，又认为郭元建说得对，于是便想把萧纲再送上皇位，让已经即位的萧栋当皇太孙。这国家大事在侯景看来，真的只是小孩子过家家，随意到极点，都是没脑子惹的祸。要不是王伟站出来制止，萧纲就又能重新上岗再就业了。

因为跟溧阳公主的交恶，王伟坚决阻止萧纲复辟。他对侯景说，废立皇帝这么大的事情，怎么可以在这么短的时间内频繁地改来改去呢，不像话，没道理。侯景一听，又觉着王伟的话很对，便打消了再扶萧纲上位的念头。不过他也没忘记安慰郭元建，把萧大器的王妃赏给了郭元建作为犒劳。

郭元建觉得侯景这么做太过分了，“岂有皇太子妃乃为人妾乎！”在任何一个王朝，只要不出亡国的意外，皇太子的正牌妃子就是将来母仪天下的皇后。郭元建认为，让一个当过太子妃的女人再给别的男人做小妾，无论如何都说不过去，反差太大，他下不了手。他始终拒绝跟太子妃见面，后来，尊重太子妃的意见，由着她削发为尼，遁入空门。

古代女人的命运真是悲惨，完全是男人的附庸，角色定位就是床上用品、生育机器，像物品一样被男人赠来送去。尤其是帝国末代皇室的女人，更是承受了从天上到地下的巨大落差，屈辱感尤甚于其他普通女人。

萧纲的命运跟他们家族女人的命运一样悲惨，不过说起来他也是罪有应得，如果不是他的糊涂和自私，他是有拯救宫城的机会的。只是，时光不会重来，不知道当他被侯景孤独地囚禁在院子里，不允许身边有任何一个侍者的时候，他有没有趁着这一生最后的冷清与安静的时刻，反思一下自己的过往，有没有意识到，毁灭这个国家，使妻女姐妹蒙受羞辱的罪人，其实不是侯景，而是他的父亲萧衍和他自己。

可惜他用女儿一生的幸福也换不来杀人魔王侯景的格外开恩。一天晚上，王伟亲自带着左卫将军彭儁和王修纂来到萧纲的囚禁处，给萧纲送来了许多美酒。王伟对萧纲说，丞相考虑到陛下长久幽居于此内心烦闷，特命我们前来陪陛下喝酒祝福。萧纲自嘲地回答道，我已经让出帝位，不是皇帝了，怎么能还称我为“陛下”？

对于王伟送来的酒，萧纲说，你这酒恐怕不光是祝福吧！都是政治圈混的人，彼此心知肚明，萧纲知道这是自己最后的晚餐了，于是开怀畅饮，痛痛快快地喝起酒来，边喝边无限感慨地说：“不图为乐之至于斯也！”这皇帝也真是凄凄惨惨戚戚，连喝一顿酒都从内心发出飘飘欲仙似的感叹，想不到会快乐到这种地步！不过这是萧纲最后的快乐。在他酩酊大醉沉沉睡去后，彭儁从门外拎进来早已准备好的装满土的布袋，把布袋放在萧纲的脸上，压住他的口鼻，王修纂则一屁股坐在布袋上面，用身体压住萧纲，使他动弹不得，不一会儿，萧纲便窒息而亡。

萧纲死后不到一个月，侯景的皇帝瘾就犯了，再加上战场形势对他越来越不利，王僧辩和陈霸先的两支军队已经会师合兵，联手向建康打来，再不称帝怕是以后没机会了。于是侯景又废黜了萧栋，让他把皇位禅让给自己，改国号为“汉”，改元太始。就这样，侯景这个从北方一路流落到江南的惨兮兮的兵痞子，在将收留他的江南搅得天翻地覆之后，成功地创建了属于自己的国家：汉国。

被汉国皇帝侯景废黜的萧栋只当了七十多天皇帝，废黜后的生活比以前更惨，想安安静静做个自食其力的菜农都不行了，他和两个弟弟萧桥、萧樛一起被侯景用铁链锁在地下密室里。

萧栋的结局也跟萧纲一样悲惨。稀里糊涂被人拉去做了两个月皇帝，最后跟还高利贷似的，在密室里被锁了四个多月，直到王僧辩、陈霸先收复建康时，兄弟三人才从地牢里逃出来重见天日。

当兄弟三人被梁军将领去除身上的枷锁时，萧栋的两个弟弟兴高采烈、如释重负地说道：“今日始免遭横死矣！”两人觉得，建康解放，侯景已败，天下重归萧姓，终于可以不用再担心死于非命了。萧桥、萧樛的想法似乎很有道理，对于萧家来说，最黑暗的时代过去了，他们这些萧家皇室子孙可以平安无事、扬眉吐气了。

可萧栋却跟弟弟们的想法不一样，他心有余悸地说：“倚伏难知，吾犹有惧！”混了几个月政坛的萧栋果然不一样，即使在形势最亮堂、最美好的时候，他也满怀忧患意识，感叹世事变化太快，今后是福是祸，他不敢肯定，恐惧反而大于平安出狱的高兴。

事实证明，萧栋的感觉是对的。

其实他的结局，早在王僧辩带兵从江陵出发东下的半年前，就已经决定了：必死无疑。王僧辩临行前曾特地向萧绎请教光复建康后对现任皇帝的处理方法。他是个精明的政客，不知道进城后该如何处置被侯景控制的皇帝，就向萧绎讨教方法，请他给个明确指示。

萧绎也是老奸巨猾，并没有直接回答，而是把皮球圆润地踢回给了王僧辩，“六门之内，自极兵威”。建康宫城共有六座进出的城门，所以六门之内，就是皇宫之内。萧绎的意思是说，到时候宫城里你是最高长官，你自己做主，随便诛杀。

当时的皇帝还是萧纲，萧绎这么说，可以说是赤裸裸地暗示王僧辩，叫他进宫后杀死萧纲，替自己除掉这个最大政敌。反正到时候你是老大，你想杀谁就杀谁，战争时期，遇到任何事情，军中主帅可以自己做主处理。

王僧辩听出来了领导的意思，但他不想背上弑君的千古骂名，所以听说要对皇帝动刀子，马上明确表示推脱：“讨贼之谋，臣为己任，成济之事，请别举人。”成济就是用长矛刺死那个创造了“司马昭之心，路人皆知的”著名成语的曹魏皇帝曹髦的凶手，他的名字在后世成了弑君者的代名词。王僧辩不愿干这事，立马把这件敏感之事撇得汤是汤、水是水的，分得很清，说讨伐反贼侯景的事，我完全负责，但成济所做的事，请另外指定人。

萧绎那时候缺了王僧辩根本转不了，就指着他平定侯景呢，见王僧辩这种态度，便没再强制，把王僧辩不愿意做的事交给了另一位将军朱买臣。朱买臣带着任务跑到建康，看见萧栋哥仨，亲热得不行，哎呀，可找着三位爷了，想死你们了，我请你们喝酒！经不住朱买臣的热情相邀，萧栋跟两个弟弟随着他登上了一艘停在江面上的大船，在船上畅饮美酒，观舞听乐，欣赏江景，好不惬意。

可快乐的时光总是那么短暂，酒宴还没结束，埋伏在船上的武士就冲出来把这兄弟三人的手脚捆绑住，扔进江中淹死了。唉，早知道一场饭局把自己吃成了海底捞，萧栋打死也不会去。只是，既然他当过皇帝，哪怕只有皇帝工龄，实力强大且善于手足相残的萧绎也是不会放过他的，即便这次侥幸没被淹死，下次也还会有勒死、毒死、捅死、窒息死在等着他，无论是多项选择还是单项选择，结果都只有一个字：死。顶多时间不同罢了。

侯景为了当皇帝，弄死了两个皇帝，最终如愿以偿地登上了皇位。不过，他是个短命皇帝，结局比他杀死的萧纲悲惨得多。自打侯景登上皇位的那一天起，他就进入了只有一百来天的生命倒计时。

侯景能成为皇帝，真是时事的阴差阳错造就的。这人完全是个没有任何文化素养的粗鄙武夫，当皇帝后因为啥都不懂，闹出了不少令人捧腹的笑话。

登基称帝后，按照惯例，王伟向新皇帝侯景上奏，请立七庙。侯景一脸懵懂地反问王伟："何为七庙？"他不知道七庙是啥意思。王伟对他说，七庙就是要建造七座皇家祭庙，用来祭祀皇帝的七代祖先。侯景听说要祭祀他的祖上七代祖宗，惊讶到觉得王伟荒唐可笑，他说："前世吾不复记，唯记我父名标；且彼在朔州，那得来啖此！"侯景觉得自己终于找到一个能笑话见多识广的军师王伟的事例了，他语带挑衅地答复王伟说，爷爷叫什么名字我都不记得了，只记得老爹叫侯标，而且他远在北方的朔州，怎么可能跑到这里来混饭吃！

侯景这么说本意是想笑话下王伟，没想到他话一说出口，周围的大臣、宦官和护卫乐得前仰后合，面对这种狂笑级别的段子，大家实在忍不住。连最基本的礼仪常识都不懂，还振振有词地奚落别人，谁受得了这种讽刺与幽默？

侯景闹笑话的例子可不止这一个。之前围攻宫城时，萧衍曾派特使去侯景的大营中商洽有关事宜。特使厉声质问侯景，你到京师来的目的是什么？侯景抢着回答说，我想来当皇帝！王伟在边上听他把真话都说出来了，赶紧一把扯开他解释说，我们辛辛苦苦来到京师并不是为自己，而是为了朝廷清明，替皇帝铲除以朱异为首的一帮奸臣的！

侯景就是这么一个傻乎乎的粗人，他连在什么场合说什么冠冕堂皇的话都不知道，所以他的一言一行都透着种土味儿的可笑。

七庙问题的最终解决，完全靠王伟的编造，除了侯景的老部下中有人知道侯景的爷爷名叫侯乙羽周外，其他祖先的名字都是王伟杜撰出来的。为了装点门面，王伟把汉朝的侯霸列为侯景的始祖，说侯景一家就是打侯霸那儿一代一代传下来的，又把晋代名士侯瑾作为侯景的七世祖，放进七庙里进行祭祀。

王伟为侯景绞尽脑汁拉郎配般地编造祖先的行为虽然无耻，但也并不算是什么多恶劣的事情，在古代特别正常。可以说，这种挂羊头卖狗肉装点烫金门面的事，在每个朝代都不同程度地存在过、发生过。谁能准确地知道自己的七代祖宗是谁？就算记得住七代吧，那始祖是谁总不可能知道了吧？几百几千年的事，你说你知道，请问你是怎么知道的？是光盘储存的文件告诉你的吗？很显然都是撒谎的嘛！

所以，每个开国朝代的七庙呀，尤其是始祖，都是带着目的乱认亲戚的。包括本系列书中的萧道成、萧衍的始祖，都是水分很大的。北魏开国者还说黄帝是他的祖宗呢。黄帝属于神话传说中的人物，他跟蚩尤打仗时都能请到神仙鬼怪来帮忙，认个神仙当始祖，挺有面子的吧。唐朝开国皇帝李渊把老子李聃认作祖先，其实仅仅是想找个上古姓李的名人而已；武则天更具想象力，居然和更遥远的周武王攀上亲戚，说她是周武王的后代，还煞有介事地把自己的国号定为大周，以致敬祖先，装帧自己。总之，在认祖这个问题上，无论昏君还是明君，都是一个味儿。

当侯景在忙着当皇帝的时候，他的对手王僧辩也很忙，忙着打击侯景之前在沿江一线取得的战斗成果。

当时主导反侯的两大将领，一个是王僧辩，另一个是陈霸先，两人从不同的方向朝建康推进。陈霸先带着三万名甲士，两千艘战舰，从南方的广州出发，出珠江，进赣江，一路摧枯拉朽般冲进长江，兵锋直指建康。王僧辩走的则是一条传统进攻路线，顺着长江，由西向东，从荆州到建康。

巴陵大捷后，王僧辩没有停歇，挟胜利余威，克汉口，平郢州，快速拿下多个沿江重要城池。郢州之战尤其激烈，守将宋子仙跟王僧辩顽强交锋，双方军队昼夜打在一起，最后，宋子仙实在架不住了，想退兵保命，便跟王僧辩商量，说他愿意主动献出郢州，条件是王僧辩不要再攻击他，允许他带着守军安全地回到建康。王僧辩说，好呀，成交！马上下令送给宋子仙一百艘空船，便于他运送士兵。

宋子仙特别高兴，心想终于可以活命，安全回到老领导侯景身边去了。他高兴地组织军队收拾行装，准备上船离开。没想到王僧辩送来的这一百艘船是故意麻痹他警惕神经的安眠药，趁他放松守备时，王僧辩命令杜龛率领一千名敢死队成员偷偷攀上郢州城墙，发起近距离偷袭，再配合城外的大规模攻击，把宋子仙杀得猝不及防，最后被活捉，送往江陵处死。

552年二月，讨伐侯景的战争进入具有标志意义的时刻，陈霸先和王僧辩两支从不同方向打过来的军事集团在长江白茅湾会师。白茅湾在今天的江西省九江市附近江段，这里已是长江下游，距离建康很近了。

陈霸先和王僧辩两人在这里会合后，决定携手共进，同仇敌忾，齐心协力赶走盘踞在建康的侯景。两人杀牛设坛，歃血为盟，同声宣读结盟文告：“臣僧辩、臣霸先同心共事，不相欺负，若有违戾，明神殛之。”王、陈二人热血沸腾、涕泪交加地发誓要赤诚相待，肝胆相照，一致对敌，不藏私心，如果违背誓言，就被雷劈死。

但是誓言这东西，我以前有说过，除了青春期谈恋爱的男孩女孩笃信海不枯石不烂外，几乎没人相信了，骗子游戏罢了。王僧辩和陈霸先两人刚开始确实是真心实意对待对方的，王僧辩的西路军没有粮食吃，陈霸先的军中还有五十万石粮食，为了让西路军吃饱肚子，陈霸先慷慨解囊，无偿支援了王僧辩三十万石，自己只留了二十万石。但后来，两人还是分道扬镳，针锋相对地打在一起。不过攻打侯景的时候，是两人绝对的蜜月期。会师后，双方协同作战，互相支持，奔向建康，只为获得侯景的项上人头。

这时候的侯景已经是强弩之末了，虽然感到末日将至，但仍然不甘心失去一切，下令所据的沿江郡县全力抵抗阻挡王、陈联军的前进。但此时的反军面对不利形势，人心惶惶，不是一触即溃，就是望风而逃。联军很快便占领下游重要城市芜湖，推进到姑孰。

姑孰是侯景严令死守的据点，他的亲信侯子鉴担任守城总指挥。为确保姑孰防线不失，侯景亲自跑到那里检查、布置防务，并给侯子鉴加派援军，甚至在战术上给侯子鉴做好了安排。他苦口婆心地告诫侯子鉴说，西方的荆州军善于水战，不要跟他们在水上接触，把营垒设置在岸上，然后诱他们登陆作战，那样，我们的骑兵就能一举击破他们。

侯子鉴听从了侯景的建议，把军士全部撤离舰船，在岸上安营扎寨，并坚守寨门，不跟王僧辩的军队接战。

王僧辩和陈霸先两大战神兴冲冲跑到姑孰，本指着一战击溃侯景的主力，彻底解决建康问题，因为拿下姑孰，建康就无险可守了，只能束手就缚。没料到侯景来了这么一招，把他们晾在江面成了水上漂。

王、陈率领的军队在姑孰江面上停留了十几天，期间毫无行动，没有上岸作战，也没有挑衅侯子鉴的军队。侯子鉴看对方这么多天都没什么动静，认定他们害怕自己了，赶紧给侯景写报告说，西来军队害怕我们的强大，不敢作战，看情形他们随时会逃走，如果我们不马上发起攻击，等他们全军逃离就后悔莫及了。

侯景被侯子鉴这么一鼓动，觉得胜利在望了，同意他重新上舰入江，消灭王僧辩和陈霸先。只要把这两个人干掉，天下就再也不会有对他的地位构成威胁的人了。

也不知道这个侯子鉴哪只眼睛看到王僧辩和陈霸先想逃离姑孰的，两人正愁着他不来打自己呢，这下好，侯子鉴来了。

为了打败王僧辩，侯子鉴准备打短平快。他出动了一千多艘闪电快船。这种船身形灵巧轻便，每艘船上有八十多个船桨，八十来人同时划桨，船只在水面上的航行速度快如闪电。船舱里装载着兵士，攻击目标时来去如风，等敌人反应过来的时候，只能看到快船划过水面留下的桨影水痕了。

当王僧辩看到数不清的敌船冲向己方舰队时，立即传令小船转向，直线后退，吨位大的巨舰各自驶向江岸两侧靠边停，不得先跟快船正面接战。侯子鉴军见敌人三面逃开，觉得胜利在望，都钻出船舱呐喊着追击逃跑的王僧辩军。

王僧辩见诱敌目的已经达到，马上命令停在江岸两侧的巨舰迅速向江心合围靠拢，直至将侯子鉴军的退后之路完全封锁。原来这种三面逃跑的做法是王僧辩故意使用的先诱敌深入再关门打狗的连环计。当侯子鉴方快船上的士兵发现自己被包围后，才知道上当了，被杀死、淹死的有好几千人，侯子鉴一败涂地。

侯子鉴的战败，让侯景受到了巨大的打击，他真正觉得，自己的一切都完了。《梁书·侯景传》这么描述此战之后侯景不同以往的反应："景闻子鉴败，大惧，涕下覆面，引衾而卧，良久方起，叹曰：'误杀乃公！'"侯景听到他寄予厚望的侯子鉴的败讯后，恐惧得泪流满面，不是夸张，真的是吓出眼泪来了。他又害怕又难过地倒在床上，用被子蒙住头，不知道是在被窝里哭了好一会儿还是睡了好一会儿，总之，很久才掀开被子从床上爬起来，起来的时候，还恨恨地责骂侯子鉴说，浑蛋你害死老子了！

他大概是觉得侯子鉴没有坚定地贯彻自己吩咐的不跟荆州军水战的作战方针，导致全线失败。其实这是瞎怪别人给自己的失败和无能找台阶而已。战场上的大趋势一旦确立，不是一两场战争就能改变结果的。这时候的大趋势，就是侯景人心尽失，亡在眼前，即便侯子鉴这次不败，下次也会败掉，况且以当时两军的气势和实力，这种假设根本不成立，侯景还在继续做着皇帝梦，怎么可能呢？

侯景很快抹干了眼泪，继续指挥军队沿秦淮河防守，保卫建康，决心再做一次拼杀，希望能咸鱼翻身，转败为胜。

侯景沿着秦淮河建造了漫长的木栅栏和许多座城垒，用来阻击王僧辩和陈霸先。这最后一战打得超级激烈，侯景也顾不上什么皇帝身份了，亲自上阵，带着一万多名精锐跟包围自己的王、陈联军进行了你死我活的拼斗。阵地多次失而复得，得而复失。白天你打赢占领了营寨，晚上我就组织敢死队劫营抢回来，双方就这么血肉横飞地进行拉锯战。

在最后时刻，侯景还跟陈霸先直接面对面地干了一仗。侯景不知道，对面这个跟自己同岁的半老将军，会是后来的南朝皇帝。不过陈霸先最后能笑傲群雄，成为开国之君，给他最大、最多机会的就是眼前的侯景。如果不是侯景把南梁搞乱，陈霸先就没有收拾旧山河的机会，就不会在东征西讨中树立权威，建立功勋，成就自己的皇帝大梦。

这时候的侯景恨死陈霸先了，因为就他的进攻最凌厉有序，不慌不乱，让侯景受伤不轻，奈何不得。虽说侯景因为没文化而闹出很多笑话，但他打仗是很厉害的，好几次都把陈霸先的军队打得败退下去。但陈霸先打仗特别有条理，当步兵被打败遭到侯景军追击时，两千名早就准备好的弓弩手立即上前，万箭齐发，压制追兵，随后，杜龛、王琳等猛将率领的骑兵再反冲过去，战场形势立马多云转晴。

有一次对阵时，陈霸先军夺得了侯景军的四座城栅，侯景指挥军士反击，把这四座城栅又夺了回去。陈霸先一看来火了，亲自操刀上阵，再把被夺走的城栅全部夺了回来。侯景一看，也来气呀，带着一百多名猛士试图去斩陈霸先的脑袋。这一百多人长矛飞舞，在陈霸先的南方军里左冲右突，后来又丢弃长矛，改用短刀继续拼杀，但任是怎么冲杀，陈霸先的军队都打不散，还击有力。僵持到最后，侯景的军队经受不住，全面崩溃，军士四散逃命，一去不返。

侯景终于领受到末日的绝望和恐惧。他带着一群败下阵来的残兵，骑马狂奔到皇宫门口。到皇宫门口干什么呢？你根本想不到他要干什么，因为他做事总是那么出其不意，让人发笑且难以理解。

就像王僧辩带着军队东进都到芜湖江面时，刺刀都快戳到他这个反贼的面门了，他不急着用心想办法阻挡来取他性命的强大敌人，反而急吼吼地给萧绎和王僧辩发了一道诏书，说赦免萧绎、王僧辩的一切罪过，说不追究这两人犯上作乱来攻打自己这个皇帝的谋逆之罪了，意思就是你们现在退兵回去还来得及，我不追究你们造反的法律责任了。这个诏书一发，荆州军士差点儿笑得昏死一片，因为实在没见过这么好笑的事情，这真是太难得的逗人笑话了。

这次侯景一口气跑到皇宫门口干的事也挺好笑。他不敢进皇宫，怕耽误了时间出不来，叫别人进宫把王伟喊来与自己见面。王伟以为在这个军情紧急的特殊时刻，侯景找他肯定是商议战况，哪想到侯景这次是专门来责骂他的：“尔令我为帝，今日误我！”侯景看到王伟后，朝他一顿劈头盖脸的臭骂，怪他说，当初就是你教我当皇帝，今天把我害惨了。

侯景这人品性真是太差，当皇帝当得舒服的时候，他没想着要特别感谢王伟，现在皇位保不住了，他第一时间找王伟骂娘来了。其实当皇帝这事，王伟只不过是出了主意而已，坐不坐上皇帝宝座，不还是侯景本人最后做决定嘛，明明是他自己想过把皇帝瘾，这时候倒把责任往别人身上推。

王伟做谋士还真是很合格，给侯景贡献了许多金点子，要不是有王伟，侯景早就不在人世了。只是王伟跟错了人，如果他跟的不是侯景，而是陈霸先，他在历史上的结局和声名就又是另一个样了。

侯景对王伟的建议虽说很重视，但有些关键问题，王伟提出来后，他也有不听的时候。比如当年作为勤王军队的一员，王僧辩被裹挟着随柳仲礼一起投降了侯景，但紧接着侯景就派王僧辩外出执行任务。王伟跟侯景的眼光不一样，他下的是一盘大棋，觉得王僧辩是荆州刺史萧绎的得力手下，而荆州军将来是新朝廷最大也最难对付的对手，所以王伟劝侯景不要放虎归山，杀了王僧辩，为将来攻打荆州军排除一个大雷。

侯景不听，觉得不就是一个王僧辩吗，能翻起什么浪？坚持把他放出了建康城。结果真如王伟所言，王僧辩一出建康，就直奔荆州找老领导萧绎去了，并且在两年后带兵进京，收复建康。

当王僧辩和王伟再次见面时，王伟已经是俘虏身份。军士将躲藏在草丛中的王伟搜出来送到王僧辩面前，王僧辩奚落王伟说：“卿为贼相，不能死节，而求活草间邪？”这语气充满了嘲笑。你作为反贼的丞相，在你的君王灭亡的时候却不能尽忠死节，反而躲在草丛中苟且偷生，这也太可耻了吧。

面对王僧辩的鄙视和嘲笑，王伟的回答中也包含着不软不硬的回击：“废兴，命也。使汉帝早从伟言，明公岂有今日！”王伟说，成功和失败都是命中注定。意思就是并非自己没本事，而是天意难违，自己的结局注定就是这样的失败下场。关键是后面一句话，如果汉国皇帝当时早点儿听从了我的建议，今天你怎么能有机会站在这里！这句话看似自我感叹，实则是嘲笑王僧辩。别跟我装纯洁，你不也曾当过我的俘虏吗，要是当初汉国皇帝下手彻底点儿，你的命早玩完了。王僧辩被他噎得无话可说，毕竟自己过去确实有过那么一壶。

别看王伟即使当了俘虏也在王僧辩面前趾高气扬，可在他的汉国皇帝侯景面前，就是个标准的怂货、小瘪三，面对侯景的责怪和谩骂，王伟一句话也不敢回嘴，甚至不敢跟侯景面对面站着，在皇宫门口许多粗大的门柱间躲猫猫似的来回隐藏，生怕侯景找到他后一刀把他砍了。

侯景骂够了王伟后便打算催马离开皇宫，追兵渐进，逃命要紧，他不敢再耽搁了。王伟见他要走，再也顾不上其他了，赶紧冲出来一把抓住侯景的马缰绳，劝他千万不要离开皇宫，“自古岂有叛天子邪！”王伟说得确实在理，自古以来，从来没有亡国后还能安然逃跑留得性命的皇帝。当出现暴力主导的改朝换代之时，任何人都可能获得赦免，唯独皇帝，必须死。哪个新皇帝愿意留着一颗随时都可能在自己身边爆炸的炸弹呢？跑到地道里也能把你挖出来。所以王伟建议侯景不要无谓逃跑，组织宫里的警卫进行抵抗，也许还有一线生的希望。

但侯景早已吓得魂飞魄散，执意要跑。他把两个儿子放进搭在马背上的两个皮袋子里，一边一个，带着自己的大舅哥羊鹍，以及一百多名亲信骑兵向东边大海的方向逃去。羊鹍是羊侃的儿子，他妹妹被侯景强娶为小妾。侯景对羊鹍很是关照，让他负责军需供应，担任后勤部一把手，那可是个肥缺。

羊鹍的妹妹跟侯景应该是没有生儿子，侯景来南方后，就生了两个儿子，这次一起驮在马背上带走了。如果羊鹍的妹妹是这两个孩子的母亲，史书在这里肯定会予以介绍的。既然啥文字都没留，就能肯定这两个孩子都不是羊鹍的外甥。根据推算，这两个被侯景带着一起逃命的小男孩顶多两三岁。因为侯景来南方不到四年，孩子妈都是他在南方强行霸占的。按照侯景的好色程度，除了这两个儿子，女儿应该也不止两个。不过那时候，女儿不那么重要，所以逃命的时候，就不管女儿的死活了，把能传宗接代的儿子带在身边就好。

当然，到这种程度了，想儿子传宗接代是没有可能了，侯景自己的死期都近在眼前了。

跑出建康后，侯景一路跑，一路被王僧辩的追兵跟在屁股后面追赶。为了减少逃跑的负担，侯景竟把自己的两个儿子扔进水里淹死了。最后他身边只剩下了几十人，坐着一条小船，打算从今天的上海地区进入东海，然后北上山东，想回到北方老家从来再来。

但是，有人早就惦记着他的项上人头了。这个人不是别人，正是他的大舅哥羊鹍。羊鹍趁侯景睡觉的时候，命令舵手掉转方向，将船开往京口，他要带着侯景投奔建康，立功受赏。

侯景一觉睡醒后，看看船舱外的风景，觉得不对头，怎么这么熟悉呀，原来是又快回到建康了。这时候的侯景反应过来了，但为时已晚。羊鹍拔刀朝着侯景厉喝道，这些年我跟着你，多次替你卖命，这次借用你的命，拿你的人头去换取功名富贵！说完便和早先约好的另外两名将军一起，刀剑砍向侯景。侯景招架不住，想跳江自杀，但这时候不光是他死的问题，他的尸体很重要。要是跳到江里，江水湍急，可就找不着尸首了，那哥几个不就白忙乎了吗，所以羊鹍拼命猛砍侯景，阻止他跳江。

侯景被三人砍伤后窜进内舱，使劲儿用刀砍斫船底，想把船底凿出个窟窿，然后大家一起船沉人亡，死也要拉一船人垫背。这人也是天真，那么厚的船板，说砍通就能砍通？有那个求死之心，不如一刀往脖子上一抹，多省事。他在那边撅着屁股咔咔咔地砍呢， 这边羊鹍拿了根长矛进来，唰唰唰一顿猛戳，于是，这个给江南带来深重灾难的恶贯满盈的魔头，终于血肉模糊地死在了船舱里。

至此，侯景之乱结束。

侯景死后，他的尸体得到了特殊处理，被剖开肚子，扔掉内脏，然后在肚子里塞满食盐，防止尸体腐烂。王僧辩下令将侯景的尸体分成多份，且各有用途。砍下头颅送到江陵，再砍下双手送到北齐。北齐此时的皇帝是高欢的次子高洋。侯景脱离北方的时候，老东家还是东魏国，后来高洋将东魏推翻，创建了北齐帝国。剩下的头和手之外的尸块则被专门运送到建康，拖到市场上暴尸展览。

侯景尸体的出现，引发了建康民众的大赶场，“士民争取食之，并骨皆尽”。无论是幸存的官员还是百姓，都争相上前，争抢着割取尸体上的肉吞食，连骨头都被抢得一点儿不剩。建康民众对侯景的仇恨太深了，觉得只有吃他的肉才能解恨。有的民众来晚了，没抢到肉，抢到一点儿骨头，就把骨头烧了，骨灰和着酒喝进肚子里。

古代人解恨的法子太恐怖、太恶心，但这种做法一直很流行，直到明清之际，著名将领袁崇焕因被诬为卖国叛徒而被凌迟处死，愚昧无知的民众还现场掏钱买他身上的肉来吃。

侯景身上的肉，溧阳公主也痛痛快快地吃了。这个十几岁的女孩真是苦难深重，明明知道侯景杀死了自己的爷爷，杀死了自己的父亲，又杀死了自己许多叔叔和兄弟，可面对这个杀她全家的不共戴天的仇人，她却不敢在侯景面前表现出丝毫不满和恨意，不敢违背侯景的意志，还要以自己美丽青春的身体去取悦侯景。她无奈地把自己的心思完全包裹掩盖起来，只有在咬牙切齿吞吃侯景的肉时，别人才能了解她对侯景有多恨。

对侯景恨得牙根痒痒的还有萧绎。萧绎收到王僧辩快递过来的侯景的人头后，做得更有特点，“枭之与市三日，煮而漆之，以付武库”。先把人头挂在城头示众三天，然后丢进水里煮开，剔除肉，把头颅骨刷上油漆，交到军械库保存。给仇人的头骨刷漆这事，历史上多次发生过，大部分都是当尿壶或酒具用，不知道萧绎把这东西送到军械库是什么意思，史书上没有给出明确的交代，也许是当成战利品吧。

说起战利品，故事来了。这次收复建康后最大的，也是令萧绎最在意的战利品，就是侯景手中的传国玉玺。

传国玉玺是秦始皇下令雕刻的一方玉印，上面篆刻着李斯书写的“受命于天，既寿永昌”八个字。这方印经过汉朝之后，成为后世皇帝约定俗成的称帝信物，每个皇帝都必须用这方传国玉玺来证明自己的登基正统合法。要是哪个皇帝手里没有这方玉玺，即使称帝了，也自觉低人一等，被讥笑为“白板皇帝”。所以这方玉玺成了众人争抢的焦点，尤其是改朝换代之际，更是被各方政治力量紧盯着，谁先抢到手，谁就占得政治先机。

萧绎当然盯着那方传国玉玺，这宝贝以前一直在他爹手上，现在肯定被侯景夺走了，所以王僧辩一进皇宫就找来大臣询问传国玉玺的下落。有人告诉他说，传国玉玺一直被侯景随身携带着，但侯景都尸骨无存了，也没见着传国玉玺。

原来侯景把传国玉玺交给了他最信任的侍中赵思贤保管。他让赵思贤带着玉玺跟在自己身边，并提前给赵思贤下达过销毁玉玺的指令，“若我死，宜沉于江，勿令吴儿复得之”。侯景预感到自己要失败，所以抱着自己得不到的东西，也一定不让别人得到的思想，吩咐赵思贤，一旦他死了，就把传国玉玺丢进长江，绝不能让玉玺再回到他讨厌的东吴人手中。

这主意真恶毒！要是传国玉玺真被扔进长江，那就永远找不着了。埋进土里的话，千万年以后还有机会被考古工作者挖出来，掉进江里就永无见天之日了。也不知道赵思贤有没有想过要不折不扣地执行侯景的命令。不过后来逃命的时候，两人被冲散了，赵思贤在京口附近遇到强盗打劫，他瞒着盗贼把玉玺偷偷扔进了路边草丛中，然后空手逃到广陵投靠郭元建。郭元建在王僧辩攻克建康后，主动派人联络，表示愿意投降，献出城池。王僧辩很高兴，派陈霸先带人去广陵接收郭元建的部队。

没想到陈霸先还没到广陵，许多军队高级将领派出的私人信使已经早一步到达广陵了，他们把郭元建当成唐僧肉，都想趁他投降的时候咬一口，纷纷向郭元建索要武器或马匹。郭元建见解放宫城的官军如此贪婪腐败，大失所望，不胜其烦，于是拒绝投降，转而带着军队和城池投向了北齐国。等陈霸先风尘仆仆地赶到时，北齐的大将辛术已经进驻了广陵。

赵思贤到广陵以后，把传国玉玺被扔进草丛这件事跟郭元建说了，郭元建觉得这事太大了，马上派人跟着赵思贤去原地寻找，还真在草丛中找到了，于是他把玉玺交给辛术，辛术将其送到了邺城，从此，北齐皇帝高洋成了传国玉玺的新主人。

后来，这方玉玺传到了隋文帝杨坚手中，经过唐朝之后，到五代后唐时期便失去踪迹。有人说是后唐皇帝李从珂国破后赴火自杀时将传国玉玺带在身上，导致人玺两灭的，但这只是传国玉玺失踪之谜的多种说法中的一种而已，具体事实怎样，至少目前无人知晓。

一方传国玉玺被一群人抢来抢去，而建康城里的百姓，同样被一群人抢来抢去，这群人还是被百姓视为保护神的朝廷军队。建康城里的百姓真是苦透了，被侯景杀了一遍、抢了一遍，在被包围的宫城里饿死了一批、病死了一批，好不容易等来了柳仲礼等人的勤王军，以为官军会拯救自己于水火之中，哪里想到才出虎口，又入狼窝，“援军初至，建康士民扶老携幼以候之，才过淮，即纵兵剽掠”。勤王军刚到时，饱受创伤的建康百姓不分老幼，万人空巷迎接官军的到来，没想到这些老百姓眼中的官兵刚过秦淮河就开始在城内武装抢劫，进城的第一件事是不是打击敌人，而是欺凌百姓。

到王僧辩的军队收复建康时，建康百姓更惨，“男女裸露，自石头至于东城，号泣满道”。王僧辩故意不约束军队，把抢劫财物、强奸妇女当成给攻城士兵的奖赏和福利，让他们随着性子在城里干坏事，不管男人女人，身上的衣服都被扒光，百姓只能光着身子，从西边的石头城到东边的宰相府这么长的街道上，都是赤身裸体悲哀号哭的民众。夜晚降临的时候，为了掩盖抢劫罪行，官兵放火烧街，很多皇宫里的建筑和百姓的房屋，都被付之一炬。

从这个细节上看，王僧辩真是太可恶了，把军士变态般放纵的快乐建立在建康无辜百姓的极度痛苦之上，就凭这点，他后来被陈霸先杀死，就不值得同情和惋惜。

该同情和惋惜的是建康这座古老的名城。经过三年的侯景之乱，建康沦为一片废墟，楼台尽毁，人口尽失。自东晋建都以来，经过两百多年锦上添花的累积建设，到南梁时，建康已经变成一座宫阙巍峨、街坊林立、热闹繁华的超级大都市。然而，两百年的繁华抵不上两年的破坏，随着侯景之乱的结束，建康的繁华如烟云般消散殆尽。

今天的南京之所以被冠以“六朝古都”之名，就是因为南朝宋、齐、梁、陈以及之前的东吴和东晋共六个朝代曾在此建都。不过陈朝虽然仍将都城设在建康，但也是无奈之举，没得选择，其实那时候的建康早已千疮百孔，托不住一国的繁盛。

基本上可以说，建康的高峰、建康的繁华至此终结，作为一个城市，它落寞地退出了聚光灯始终照耀着的历史中心舞台，进入了边角城市行列。虽然后来又有南唐和明朝在此建都，但时间太短，如白驹过隙，没有形成各种优势的聚集效应，经此回光返照之后，建康的趋势，便有如流水落花春去也。

第九章　徐娘半老萧绎妻

当侯景把梁武帝萧衍围困在皇宫里日夜攻打时，萧衍的儿孙萧绎、萧纶、萧纪、萧誉、萧察等人，是完全有实力和能力消灭侯景，解除宫城之围的，但他们却坚定不移地见死不救。他们或拒绝出兵勤王，或故意在路上磨叽拖拉，或干脆就在宫城外围纹丝不动地作壁上观。

其中，尤以萧绎的军事力量最为雄厚，从后来他一个人就轻松击败侯景的事实来看，作为儿子，萧绎是多么狠心、黑心。生养他，给他带来荣华富贵的老父亲身陷囹圄，苦苦呼救，甚至以风筝发出SOS求救信号，他依然无动于衷，不肯出手相救，这得拥有一颗强大到多无良的心脏呀！

对萧衍的见死不救和萧家兄弟的内斗，我们下一章再说，本章简单说下萧绎和他的正妻以及他们之间悲催的婚姻生活。

萧绎是萧衍的第七个儿子，后来在江陵称帝，成为正史承认的南梁第三任皇帝，史称梁元帝。他的弟弟萧纪虽说在侯景之乱结束后也曾称帝自立，但正统的史序并不承认。还有萧纲之后被从菜地里拖到皇宫黄袍加身的萧栋，在南梁的正统帝王世系里也找不到他的名字。

也不知道这是为什么，同为被侯景控制的傀儡，萧纲是被承认的，紧随其后的萧栋却被历史干净彻底地除了名，这似乎有点狗眼看人低的意味。

萧绎虽然没有遭到狗眼看待，但他这一生数不清的自卑与苦恼、婚姻生活的不幸福，真的都跟眼息息相关。

萧绎只有一只眼睛，另一只是瞎的，用民间俗语说，他就是个独眼龙皇帝。说来也巧，今天大家特别熟悉的“独眼龙”一词还真的是因为一个皇帝而诞生的，五代时期后唐皇帝李存勖的父亲李克用就是“独眼龙”这个词汇的首个关联人。《旧五代史》里有“武皇既收长安，军势甚雄，诸侯之师皆畏之。武皇一目微眇，故其时号为‘独眼龙’”的文字记载。就是说李克用军力强大，别的部队首长都怕他，又因为他只有一只眼睛，所以大伙给他取了个“独眼龙”的绰号。可见，“独眼龙”这个词语最初的意义是完全褒义的，后来不知道怎么就慢慢变得偏贬义，正面人物从来不叫独眼龙，只有土匪、汉奸、坏蛋、黑社会才会有这样的绰号。你看影视剧里，好多汉奸和山大王出场时，都是一只眼睛上绑着一小块圆溜溜的黑布，绑带从脑门上斜扎到脑后，滑稽的样子告诉你，这人必须是坏蛋。

以萧绎的做派，也算得上是个坏蛋，不过他的眼睛是先天性的，一出生就有毛病。萧衍不知道是怎么想的，居然亲自给他医治，结果医瞎了，把他一只眼睛医成了全盲。因为眼睛的残疾，萧绎从小到大受到了很多嘲笑与讥讽，他一生都为之自卑，内心对此特别敏感。尤其是当权以后，谁要是在他面前提到盲人、瞎子这些词，那可不得了。那些敢公开嘲笑他眼睛的人，一旦落到他手里，会死得无比凄惨。侯景的军师王伟就是典型的例子。

王伟被俘送到江陵后，在监狱中写了一首五百言的长诗献给萧绎。他知道萧绎是个才华出众的人，看到他的这首长诗一定会产生惺惺相惜之意。果然，萧绎看完后拍案叫绝，因欣赏王伟的文学才华，打算对他特别赦免，不治他的罪了。

不料萧绎身边有嫉妒王伟的人故意补刀，对萧绎说：“前日伟作檄文甚佳。”原来侯景率军西上荆州时，王伟曾主笔写了讨伐萧绎的战斗檄文，发布全军，鼓舞士气。萧绎十分期待地叫人找来王伟版的檄文，看看写得到底如何才华横溢、慷慨激昂。

这一看不得了，萧绎从文章里没看到王伟的才华，倒是看到了王伟的死期，原来他火冒万丈地看到了这样朗朗上口的句子：“项羽重瞳，尚有乌江之败；湘东一目，宁为赤县所归！”这句话对萧绎只有一只眼睛的缺陷极尽嘲笑，而且为了达到文学的对偶效果，还特意把项羽每只眼睛里有两个瞳仁的帝王异相挑出来跟萧绎的独眼龙做对比，说项羽一只眼睛中有两个瞳仁，还是避免不了乌江溃败的下场，而萧绎只有一只眼睛，这样的独眼盲人怎么可能会使天下归附！

王伟这句卖弄辞藻的语言刺痛了萧绎身上最敏感的神经，把他气得暴跳如雷，“王大怒，钉其舌于柱，剜腹，脔肉而杀之”。前一秒钟还因王伟的出众文采想对他网开一面，后一秒在看到王伟揭自己的瞎眼伤疤后态度发生了一百八十度大转变，立即酷刑伺候，叫人拿来铁钉把王伟的舌头钉在柱子上，然后剖开他的肚子，挖出内脏，再把他身上的肉一块一块地割下来，比凌迟处死还惨。

也不怪萧绎这么生气，大约每个有生理缺陷的人面对别人的嘲笑和羞辱时，都会反应强烈的。不过，无论萧绎怎么在意别人的眼光和看法，瞎眼始终都是一个客观存在，而这个存在也实实在在影响到了他的婚姻生活。他的王妃徐昭佩就特别嫌弃他的瞎眼，并为此给了他比王伟更大的心理打击。

徐昭佩出身名门，爷爷徐孝嗣是南齐重臣，还是齐明帝萧鸾临终时指定的辅政大臣之一。古代政坛人物子女的婚姻，都是政治因素大于感情因素，婚姻是门当户对的权力联合，徐昭佩和萧绎的结合也是如此，没什么爱与不爱，只要双方家长同意，就必须捆绑在一起，至于以后的日子幸福与否，那就是碰运气，碰得好就如胶似漆，碰得不好就是同床异梦。萧绎和徐昭佩属于后一种情况，两个人对彼此都不满意。

萧绎不喜欢徐昭佩是因为她“丑而妒”，徐妃不仅长得很丑，而且是个醋坛子，对萧绎宠爱的侍妾，她总是打击刁难，有时看到怀有身孕的侍妾，甚至直接拿刀砍死。徐昭佩不喜欢萧绎，当然是因为他是个独眼龙。她觉得自己好冤，一个大家闺秀，怎么就嫁给了只有一只眼睛的男人？所以这夫妻俩自打成婚以后，关系一直势同水火，虽说生了一儿一女，而且儿子萧方等还是世子，但婚姻生活中连形同路人的关系都不如，因为即使是陌生路人，也不会无缘无故互相伤害的，但这两人的婚姻史，就是一部伤害史。

萧绎对徐妃特别冷淡，两三年才去她那里一次。面对这种婚姻冷暴力，徐妃选择了大杀伤力的无情还击。当得知萧绎要来看她时，她立即坐在梳妆台前描眉涂粉，精心打扮自己，等着丈夫的到来。看到这里，很多人一定会觉得，当萧绎看到专门为自己打扮得整洁精致的徐妃时，一定会心花怒放地送上一个熊抱吧！可事实却恰恰相反，当萧绎看到盛装打扮的徐妃时，“心花怒放”四个字中只剩下了一个“怒”字。

原来徐妃的精心打扮，真的是特意为萧绎量身定制的，“妃闻绎当至，以绎目眇，为半面妆以待之”。徐妃的化妆简直是一种对萧绎羞辱至极的行为艺术，她别有用心地只画了半面妆，半边脸隆重地画眉、扑粉、涂唇，另外半边脸却素颜朝天，一点儿也没收拾。徐妃的用意很明显，就是嘲笑萧绎的独眼，反正你眼睛只有一半能看见，那我就只画一半的妆给你看，省得费力费时去画另外半张脸了。这就是“半面妆”典故的由来。唐代诗人李商隐曾为这个典故写了一首七绝：“地险悠悠天险长，金陵王气应瑶光。休夸此地分天下，只得徐妃半面妆。”

半面妆这种直戳萧绎最在意、最敏感的心灵伤疤的做法，怎能不让萧绎气得发狂。他也采取了火力强大的反击措施，“疏其秽行，榜于大阁”。萧绎干了件对丈夫来说很匪夷所思的事，他把自己的妻子徐妃跟别人通奸的情事写在纸上，前年跟哪个男人私通，去年和哪个男人媾和，今年新换的情人是谁，一条一条写得比打印出来的开房记录还详细，然后张贴在大厅里，广而告之。

看到这个情节，大家一定觉得很雷人。怎么王妃还跟别的男人私通呀？哪个男人那么胆大不要命，敢跟当今皇子的女人发生婚外情？这事确实让人感觉不可思议，但又确确实实是历史事实。

徐昭佩作风放荡，各种男人通吃。她先是跟荆州瑶光寺的智远道人私通，后来发现贺徽长得很帅，便邀请他跟自己一起免费旅游，云雨过后还写情诗相赠，也不怕留下通奸证据和把柄。最厉害的是，她连丈夫的左右亲信都不肯放过，窝边草吃起来格外香甜过瘾。暨季江就是和徐妃偷情的萧绎的身边人物。

暨季江几乎每天都跟萧绎见面，因为他每天都要读书给萧绎听。萧绎特别喜欢看书，无奈眼睛不给力，看书有点麻烦，他便想了一个办法，挑选出许多知识渊博的学者文人专门朗读各种图书给自己听。看书不行，他就听书。想听哪本书，就叫人读哪本书。

萧绎听书的劲头儿特别足，不分白天黑夜。白天一班人读完了，晚上换一拨人继续读，经常通宵达旦，从掌灯时分读到黎明时刻。每天晚上五个人值班，轮流为萧绎朗读图书，每人负责读一个更次，从一更到五更，不停歇，不间断。一个更次是两个小时，嘴巴嘚啵嘚啵不停，精神高度集中地连续高声朗读，其实是挺累的活儿，更何况是在容易犯困的深夜时分。

萧绎在听书的过程中犯困了可以随时睡觉。不过奇怪得很，他即使睡着了，也还在听书，别人想糊弄他都不行，“常眠熟大鼾，左右有睡，读失次第，或偷卷度纸，帝必惊觉，更令追读，加以槚楚”。别人在呱唧呱唧朗读的时候，他在那里睡得鼾声阵阵，呼噜打得盖过了朗读声。那些值夜班的朗读者一看领导睡着了，心想咱也趁机偷懒一把吧，于是朗读时声音降低，口气平缓，不再抑扬顿挫，充满感情，想顺便省点儿精力。也有时候偷工减料，一本书刚读了十页，趁萧绎闭眼睡觉的空当，翻到三十页，想省去二十页的工作量；有的读完第一卷，偷偷跳过第二卷，直接开读第三卷。他们都想着，反正这家伙睡着了，不会知道我读了多少，读的什么。没想到萧绎跟有特异功能似的，只要有人态度不端正地变了语调，他马上就醒了，而且还知道谁谁谁哪一段没读，谁谁谁故意跳过了哪一卷，然后用木棍把这些糊弄他的人狠狠地抽打一顿。

暨季江自然也少不了被萧绎打。有时候二更被打，三更天下班的时候，他就跑去跟下令打他的人的妻子滚床单去了。这事想想挺滑稽，一顶绿帽子天天在萧绎面前晃来晃去的，他都不知道。

还有他更不知道的呢，暨季江跟徐妃私通后，不但不瞒着众人，反而出于虚荣经常向别人炫耀自己跟王妃的风流韵事，以抬高身价，“柏直狗虽老犹能猎，萧溧阳马虽老犹骏，徐娘虽老犹尚多情”。暨季江的这句话说得相当难听，意思是柏直这个地方的狗品种好，即使老了也不失为好猎狗；萧溧阳的马即使老了，也还是高大骏逸；徐妃虽然老了，但仍然含春多情。

后来从这句话衍生出了两个大家超级熟悉的词汇：徐娘半老、风韵犹存。这两个词现在是用来夸赞40岁左右中年妇女的专用词汇，当年这两个词很风骚，随着词义的演变，今天已经变成了褒义。不过，这两个词的使用是有着严格的年龄界限的，只适用于40岁以上的女人，即使对一个三十九岁半的女人说她风韵犹存，她也会对你怒目相向的。

徐妃当时是在40岁左右的时候被情夫暨季江这么热辣点评的。从暨季江这句调侃戏谑话的来看，他跟徐妃只是身体之交，在心里从来没有重视过她。一个男人，而且是文化素养精深的男人，在描述自己的情人时，不说女神，也不说仙女，不说花儿、心肝儿，却将其和狗、马相提并论，足见她在他心中的位置和分量，不过是玩弄而已。

对于徐妃公然和别的男人有染这件于男人而言是奇耻大辱的事，不知道萧绎为什么那么能忍。作为镇守一方的郡王，他有着根据自己的喜好和意愿随便处置任何人的权力，更何况作为王妃，本应品行端正的徐昭佩却荒淫轻佻，给萧绎戴了好几顶绿油油的帽子，萧绎完全可以因为徐昭佩的出轨而对她进行处罚，但这种令萧绎无比尴尬的局面持续了很长时间，萧绎都没对徐昭佩有过任何兴师问罪的行为，以萧绎那种小心眼及歹毒心而言，这事让人非常难以理解。

直到侯景之乱发生的那一年，萧绎很宠爱的一个侧室突然死亡，他认为是徐昭佩害死的，便逼令徐昭佩自杀。徐昭佩没有办法，投井而死。萧绎叫人把她的尸体从井里捞上来，然后再把尸体送到徐昭佩的娘家，对她娘家人说，这是“出妻”，就是休妻的意思。休妻都是在婚姻存续期间，人都死了，从何休来？萧绎当然知道这其中的道理，大概是他觉得太愤怒、太委屈，才故意弄出这一招，让徐妃的娘家人难堪难受的，由此可见萧绎对徐妃的憎恶之深。

这两人也是奇葩，在一起半辈子，没有相爱，只见相杀，婚姻的战争甚至到死后都没有结束。徐妃死后，萧绎充分发挥自己的文学特长，写了一篇《荡妇秋思赋》，暗讽徐妃放浪形骸，还编写了《金楼子》一书，讲述徐妃的淫荡行为。

这个萧绎的行为也真是醉了，哪有把自己妻子的风流韵事满世界大喇叭宣扬广播的？如此大张旗鼓地羞辱妻子，只会让人看笑话，只会让人觉得这个男人心眼儿不大。

从许多史实来看，萧绎这人气量真是太小太小，根本不配拥有天下，怪不得刚称帝没多久就被人给灭了。他猜忌、多疑，还是一个嫉妒狂，“微有胜己者，必加毁害”。他身边的人，只要比他有才学，他都嫉妒，会以各种借口进行打击迫害。

南梁著名学者刘之遴，博学能文，曾经做过萧绎的长史。侯景进入建康拥戴萧正德做皇帝时，特地选派品德、学问都属顶尖的刘之遴去向萧正德呈上皇帝玺绶。刘之遴表面应承，背地里却剃光头发，穿上袈裟，化装成和尚跑了，他想跑到江陵去投靠老领导萧绎。

萧绎当时正想成就天下霸业，按理说应该遍纳全国人才为自己服务出力才是，但他却不是这样想的，他的理念是武大郎招聘——个头比自己高的一律不要。当他听说才思敏捷、学识渊博的刘之遴要来江陵时，急坏了，这样才学出众的人来到江陵，不是盖了自己的文化风头吗，不行，得阻止他来。他阻止的方法不是派人直接告诉刘之遴别来江陵，而是斩草除根，肉体毁灭式，“忌刘之遴学，使人鸩之”。仅仅是嫉妒刘之遴比自己的学问高，萧绎就主动出击，派人带着毒酒赶到刚从建康逃到夏口的刘之遴的歇脚处，强迫他喝下毒酒，制造他自杀身亡的假象。

刘之遴死后，萧绎假装很悲伤，亲自给刘之遴撰写碑文，满怀深情地进行悼念，还给刘之遴的家属送去了一大笔丧葬金，让外人觉得他是一个很仁义、很念旧、很惜才的人。其实呢，他就是一个不折不扣的嫉妒狂和伪君子。

因为才高学深被萧绎以权祸害的不只是刘之遴，“如此者甚众，虽骨肉亦遍被其祸”，跟刘之遴有着同样命运的还有许多人，即使是同门骨肉，也免不了被他屠杀的结局。

关于萧绎的善妒，最搞笑的历史桥段是，他竟然连自己的表兄弟都嫉妒不误。萧绎的姑妈嫁给王琳为妻，生的八九个儿子都因诗书才学负有盛名。萧绎特别讨厌这群表兄弟，要是一两个有才，咬牙忍忍也就算了，八九个弟兄，个个都那么才华横溢，有意思吗？恨死你们了！

为了化解心中的恨意，萧绎突发奇思妙想，“帝妒害其美，遂改宠姬王氏兄王珩名琳，以同其父名”。萧绎给自己最宠爱的王姓小妾的哥哥王珩改名，王珩这个名字不要了，改成跟姑父一样的名字——王琳。你王琳不是有许多很牛的儿子吗，神气啥，不照样整天被我使来唤去的吗？王琳，把我拖鞋拿过来；王琳你怎么这么笨啊，这点小事都办不好……这么一来，萧绎心里舒服多了。看来阿Q精神并非鲁迅先生的首创，而是一直埋藏在历史中。

再说传统文化方面，萧绎算得上是中华民族最大的罪人了，他的自私、偏激、阴暗、不计后果等极端心理与行为，使中国文化遭受了一场浩劫，损失重大到无法用具体的程度去衡量。有关原因和情节，将在下一章完整呈现。

第十章　同室操戈内斗忙

南朝的历史快要写完了，每一个王朝都要写到自相残杀、同室操戈的雷同情节。其实吧，也不光是南朝，哪个朝代都免不了因为争夺权力而手足相残，要不然也不会有“本是同根生，相煎何太急”的名句了。

梁武帝萧衍的一生虽然以糊涂收尾，但他因为见多了前朝的同姓杀戮，发誓不复制前朝的这种血腥，所以在这个问题上，他一生都在持续不断地给自己预警，不要杀自家人，不要对自家人动刀。这一点他真的做到了，终其一生，萧家皇室没有出现自相残杀之事，即使他的家族成员在他的背后对他亮起刀子，即使从情理法理上有一百条理由正当地处死那些想侵犯谋害他的人，他也没有一次对他们举起过刀子。

尽管萧衍对家族亲人和普通百姓完全不是同一种嘴脸，但他在保护萧家皇族成员的安全，促使皇族成员和平共处方面，确实做到最高的优秀级别了。然而，随着侯景之乱的发生，随着他对国家掌控力的减弱，在他还没有死的时候，以他的儿子萧绎为首的本家“三国杀”游戏开始了。

萧家三方厮杀的力量以萧绎最为强大，他不但是荆州刺史，而且在侯景围攻宫城时还获得了额外的兵权。为了方便萧绎调兵营救自己，萧衍特别下诏，任命萧绎为大都督中外诸军事，就是指挥全国武装部队的意思。可见萧衍对萧绎抱着多大的希望，就指望着这个儿子快来建康消灭侯景，救自己于水火了。

萧绎的弟弟武陵王萧纪也是三方厮杀力量中的一方。萧纪是梁武帝最小的儿子，也是萧衍最喜欢、最疼爱的儿子，萧衍对他特别关照，让其他儿子眼红又嫉妒。萧纶就曾因为弟弟萧纪比自己职务高、待遇好而发牢骚，结果被萧衍一顿奚落加责骂。

为了让小儿子一生无忧，萧衍特地派他去做益州刺史，管理今天的四川和重庆地区。蜀地虽然天高路远，不比荆州开阔，也不比扬州繁华，但那里物华天宝，地势险要，是固守发展的好地方。颇具战略眼光的萧衍对小儿子考虑得相当周到，苦口婆心地劝他去益州发展，“天下方乱，唯益州可免，故以处汝，汝其勉之”。

萧衍这方面看得很准，毕竟曾经是马上皇帝。当天下大乱的时候，蜀地是最好的避乱天堂，它的盆地地形使其易守难攻，将外出通道一封闭，这里就是一个安静的世界。任你外面狂风暴雨，我大四川吹不到、淋不着。所以自汉朝以来，四川地区在中国古代是建立偏安王国最多的地方，这里出了好多个长期盘踞的大军阀。

萧纪到了益州后，萧衍因为想念儿子，还专门派著名画家张僧繇去益州给萧纪画像，然后带回画像给他看，好让他一解思念之苦。张僧繇是中国古代很大咖的画家，“画龙点睛”这个成语就是因他而来。他在寺庙的墙壁上画了四条龙却不敢画眼睛，因为点睛的话，龙就会从墙壁上飞走。这么伟大的画家，千里迢迢跑到益州，只为画张人物肖像画，真是大材小用了。

三方厮杀力量中辈分最低的一方是河东王萧誉、岳阳王萧察哥俩，他们是萧统的儿子。萧衍是因为没有立他们的大哥萧欢为太子，心里有愧，才破例封他们为王的。这两人表面上不敢说什么、做什么，心里面恨死了爷爷萧衍，所以他们对救援宫城丝毫不感兴趣，巴不得困在城里的爷爷和伯父萧纲早死，这样他们才觉得爽。

萧誉时任湘州刺史，治所设在今天的湖南省长沙市。当萧绎为讨伐侯景派人去湘州征调部队和督运军粮时，萧誉根本不搭理这个叔叔，没好气地驱赶使者说："各自军府，何忽隶人！"他拒绝承认萧绎的指挥领导地位，叫使者给萧绎带话，说我们大家各自都有属于自己的军事总部，我什么时候属于你领导了？一句话把七叔推得老远，现在正忙呢，没空去建康，等有空了马上去。至于什么时候有空，不知道，也许明天，也许明年。

萧誉对救爷爷就这态度，爱谁谁，反正我就这么着。

他弟弟雍州刺史萧察比哥哥稍微好点儿，派了一支兵马从汉口出发前往建康。萧绎要求他亲自带兵，萧察不干，言辞不恭地把萧绎怼了一顿。

如果从世俗恩怨的观点看，萧誉、萧察出于对爷爷不公正地对待自己一门的怨恨而抵触出兵救援建康，虽然属于忤逆行为，但毕竟有点儿前后因果关系。从因果关系上看，萧纪应该是最积极救援父亲的人，因为他是萧衍的最爱。得了亲爹那么多好处与关爱，老夫亲有危难的时候，怎么着也该挺身而出一把吧，不然岂不是太白眼狼了。

事实上萧纪还真是一匹残忍的狼，他也不想去建康。他的军事参谋徐怦在得知宫城被围时，建议他立刻率兵东下勤王，而萧纪压根儿没想过去救驾，所以被徐怦这么公开一说，特别尴尬，心里面恨死让他不自在的徐怦了。正好这时候有人告发徐怦谋反——也不知道是不是萧纪安排的，这么巧，正在他对徐怦愤恨不已，想杀却不能杀的时候，杀人的理由就倏忽而至——萧纪以徐怦谋反，证据确凿为由，决定对他处以死刑，立即执行。

临刑前，萧纪用格外开恩的口气对徐怦说："以卿旧情，当使诸子无恙。"看在你跟我旧日的深情厚谊的份儿上，我不会伤害你的任何一个儿子，确保他们的人身安全，你就放心上路吧。萧纪说这句话，本来是想看到徐怦感恩戴德、热泪盈眶地拜谢自己的，没想到徐怦不仅没有半个字的感谢，反而大声鄙视他说："生儿悉如殿下，留之何益！"

这种大庭广众之下的公开奚落，再一次让萧纪尴尬到石化。在徐怦眼里，这位皇子大概真是连一泡屎都不如的垃圾，不然不会说出如此狠绝的一句话——如果生的儿子都跟你一样，连亲爹都见死不救，即便再多，留他们活着又有什么用！萧纪被他这句话说得气急败坏到极点，也不管什么旧日情谊了，把他的儿子全部杀掉，人头悬挂在街市的高竿上示众。

所以说，萧衍的家庭教育是非常失败的，教子无方，除了萧统，没一个不是狼心狗肺。对萧纪那么好有什么用？对于父亲的生死安危，作为儿子，他何尝有过一丝牵挂？人性如此缺失，根子就在家庭教育，从小没有爱心教育，没有品行培养，长大了就这样。子不教，父之过。作为父亲，萧衍自作自受，自食苦果。

这几个萧家子侄都指望不上了，那萧绎呢？雄踞国家上游，军力强盛的萧绎，如果增援父亲的态度坚决，解决侯景只是小菜一碟，但他的心思跟萧家其他人一样，都盼望着侯景赶快攻进皇宫，早点儿把皇帝抓住杀死。最好是一条龙服务，顺便把皇太子萧纲和他的儿子也一起杀了，那样梁国就彻底没有领导核心了，以后的事情就是谁实力强，谁就能荡平其他不服从、不服气者，登基当皇帝。

萧衍真是个人生失败者，儿孙子侄一大把，并且给了他们享不尽的荣华富贵，结果这些直系亲属比敌人侯景还急切地希望他早点儿去死。侯景破城后还拦住了萧正德，严密保护了萧衍的安全，而且侯景刚开始并没有生出一定要置萧衍于死地的想法，如果萧衍愿意屈尊，能厚着脸皮配合侯景的话，他是能好好活着的。至于萧纲，就更没有生命安全之虞了，不是还当了傀儡皇帝吗？

可如果萧衍不死，那萧绎就太失望了。表面上看，萧绎前后派遣了两支部队赴建康支援，一支由世子，也就是他跟徐妃所生的长子萧方等率领，另一支由王僧辩率领，磨磨蹭蹭地总算到了京城。而萧绎自己带着大部队，刚过长江中游就不愿快速东下了，庞大的舰队就停在江面上拖延时间，说是等候其他勤王军队一到，共同结队前往建康。

他的机要参谋萧贲实在看不下去他这种不忠不孝的行为，借萧绎找他陪玩双陆赌博游戏之机，委婉地嘲讽了他不救父亲的行为。当萧绎在赌博过程中迟迟没有下注时，萧赍有意无意地怼了他一句:“殿下都无下意。”这句话明显语带双关。表面上看，这句“你根本不想下”说的是下注，但在萧绎全军停在半途的特殊时期，这句话当然会准确地被萧绎听出他不想顺江东下救父的画外音。

就这一句谁心里有鬼谁就能听懂的哑谜话，把小心眼、大嫉妒的萧绎给得罪了，“绎深衔之”。因为这件事，萧绎怀恨在心，将萧赍的名字放到了自己的待删除账号名单里。

等侯景终于控制萧衍，并以萧衍的命令向全国勤王军下达无条件退兵命令时，萧绎明知道这种诏令不是父皇的真实意思，但却故意装孬，装出一副皇命不可违的敬畏表情，雷厉风行地执行起撤退命令来，指挥大军火速回头，退往江陵。

萧赍建议忽略这种皇帝被操控状态下发布的命令，继续向前进军，但萧绎果断拒绝。萧赍无比悲凉地长叹道:“大王以十万之众，未见贼而退，奈何！”他又让萧绎难看了一回。萧赍认为萧绎不应该就这么两手空空地离开，带着浩浩荡荡的十万大军前来讨贼，最后连贼的面都没见着，就灰溜溜地回去了，像什么话？这件事情之后，萧绎更恨萧赍了，没多久就找了借口公报私仇，把他杀了。

萧家这些手握重兵的子孙，对救援危难中的父祖漫不经心，但窝里斗起来却积极性很高。

在侯景还没有攻破皇宫的时候，萧绎就跟侄子湘州刺史萧誉打了起来。他派世子萧方等带兵去攻打萧誉，结果这个侄子被那个叔叔杀得大败，萧誉大获全胜，萧方等在军队溃败期间跌到江中淹死了。

不过对于大儿子萧方等的死亡，萧绎没有丝毫悲伤，心里反而有高兴的感觉，因为空出来的世子名额，他可以送给自己更宠爱的小妾的儿子。萧方等是他跟徐妃生的，他本来就因为徐妃不喜欢这个儿子，只是碍于法度规矩，不敢废黜他的世子身份，现在死了正好，他可以光明正大地自由分配这个金指标了。

一个对亲生父亲和亲生儿子都这样无情的人，百分之百是一个心肠狠毒的人。可能是眼睛的残疾导致他心理极度自卑敏感，进而导致性格变异吧。这个人特别冷酷无情，对家人如此，对部下更是如此，一言不合就动刀子。

第一次攻打湘州失败后，萧绎再派竟陵太守王僧辩和信州刺史鲍泉带兵前去找萧誉复仇，要求他们接到命令后马上带兵出发，不得耽搁停留。王僧辩的许多能征善战的竟陵老部下还没有全部到达江陵，于是拉着鲍泉一道去找萧绎，希望宽限几天，等他的将领到齐了，队伍再开拔。这种要求其实很合理，所谓磨刀不误砍柴工，作为主帅，手下有一帮用着顺手的将领，对作战胜利是很重要的，又不是急着去给被围困的父亲解围，早几天迟几天没什么区别。

可萧绎不这么想，他的思维跟常人不一样，他认为王僧辩这么说，是首鼠两端地观望局势，是想脚踩两只船。就在这一念之间，萧绎抽出随身佩剑，怒骂王僧辩："卿忌惮行拒命，欲同贼邪？今日唯有死耳！"王僧辩没想到自己这么小的一个建议，居然引发了湘东王的雷霆之怒，还没等他反应过来是咋回事，萧绎就狠狠一剑深深地刺进了他的左大腿，王僧辩疼得一下子倒在地上昏死过去。旁边的鲍泉看见这阵势，吓得赶紧表示坚决完成任务，一刻也不敢停留，带着队伍火速去找萧誉了。

这次萧誉没有上次运气好了，跟远道而来的鲍泉打了两仗都以惨败告终，将士淹死、战死了一万多人。萧誉见打不过对方，便躲进长沙城里坚守不出，任凭鲍泉将长沙严密地包围。

不过萧誉倒也不怕，他不是一个人在战斗，关键时刻还可以呼叫弟弟萧察帮忙。萧察的大本营在襄阳，跟在长沙的哥哥正好一南一北把萧绎的江陵夹在中间。接到哥哥的求救信息后，萧察比救爷爷积极多了，马上点了两万水军，外加两千名骑兵，分水陆两路杀向江陵。这是很明显的围魏救赵，我直接端掉你的总部，看你攻打长沙的兵力往不往回调！

萧察的来攻把萧绎吓得不轻，他赶紧跑到监狱里向王僧辩请教御敌之策。王僧辩平白无故挨了萧绎一剑后，并没有死亡，大概是失血过多休克了。他醒来后，萧绎怒气未消，下令将他关进监狱。后来还是王僧辩的老母亲亲自前来求情，也因为没了王僧辩，很多事情玩不转，萧绎便不再追究，命医师用特效创伤药为王僧辩治疗腿伤。不承想才过了一个月，他就不得不去求差点儿被自己一剑封喉的王僧辩，把他从监狱里放出来，任命他为江陵城防司令，全权负责江陵城的安全，抵挡萧察的进攻。

萧察抵达江陵后立即展开攻击，可惜他来得不是时候。他刚到江陵，天就开始下雨，哗啦哗啦的，一直不停，平地积水深达四尺，营地都漂起来了，仗没法打，再加上手下的杜龛、杜岸等多名重要将领叛变，投靠了萧绎，转而带兵偷袭襄阳，慌得他连夜撤回，部队完全崩溃，随军的粮食物资、金银珠宝、绸缎布匹、铠甲武器等军用品，全部被抛入江河，损失无法计算。

等萧察元气大伤地撤回到襄阳后，他慌神了，觉得萧绎肯定会乘胜前进来消灭自己。一番苦思冥想之后，萧察想到了一个好办法，“遣使求援于魏，请为附庸”。为了保住性命，萧察真是拼了，派遣使者到宇文泰主宰的西魏请求保护，表示愿意成为西魏国的附庸。要是从正统的观点看，萧察的这种做法就是厚颜无耻的卖国行为，为了活命，连国家主权都不要了，情愿成为西魏的藩臣国。但古代那会儿成天打来打去的，也不讲究这个。

不过他的这个求救让宇文泰喜出望外，宇文泰正在眼红东魏高家趁着南边内乱抢占了不少原属梁国的地盘，没想到萧察这块肥肉居然自己送上门来了，他焉有不答应之理？萧察所在的襄阳，控遏江汉，那是多重要的地方呀，现在这个地方的拥有者求自己出兵，他一刻也不敢耽误，生怕萧察变卦，迅速派遣开府仪同三司杨忠领兵南下，帮助萧察对付萧绎。

杨忠一路打到襄阳附近，在湖北安陆大破萧绎准备攻击襄阳的部队，并命令魏军继续西进，兵锋直指江陵。萧绎见杨忠来势凶猛，知道江陵肯定不保，情急之下，居然跟杨忠论起伦理大义来：“詧来伐叔而魏助之，何以使天下归心！”说萧察以下犯上攻打他的叔父，而你们魏国竟然出兵帮助他，这样做怎么能使天下人心服呢！

这个萧绎简直是严以律人，宽以待己的典型代表，道义的游标卡尺只对着别人比对测量，对自己却视而不见。他说萧察不应该侄子打叔父，可他叫儿子去打萧誉，难道不是侄子打叔父？若说伦理大义，还有什么比看着父亲身处险境而见死不救更忤逆不孝、丧尽天良的事？

在战场上谈伦理，就跟在商场上谈感情一样，除了费口水和费钱，基本不会有效果。萧绎面对压境的强敌，不得不屈膝弯腰，割地求和，跟西魏签订了友好条约，承认以杨忠占领的安陆为两国国界，安陆以北属于西魏，南梁为西魏附庸国。他还派了一个儿子到长安做人质，确保两国贸易自由，永远友好。

其实到这个时候，梁国已经是名存实亡了，建康附近一大片州郡被侯景占领，两魏从两边大量蚕食，淮南之地尽归东魏，汉江以东地区全部落到西魏手中，南方被萧勃占据，四川地区则在萧纪的掌握之下，萧绎控制的地方也只有方圆几百里，而且还成了西魏的附属国。梁武帝萧衍当年创建的南梁已不复存在，南国之地，战火弥漫，烽烟正浓。

稳住了西魏后，萧绎又忙着打内战去了，继续猛攻长沙的萧誉。他对鲍泉久久拿不下长沙恼怒异常，派王僧辩去长沙前线替换他，撤除了鲍泉的总指挥职务。王僧辩比鲍泉能打多了，在长沙城外筑起一座高大的土山，日夜对城内的重要目标发起攻击，最后，萧誉的部下慕容华叛变，引王僧辩入城，萧誉被捕，被直接杀死在长沙，头颅传送到江陵示众。

平定萧誉之后，萧绎本来是想继续灭了他的弟弟萧察的，但萧察受西魏保护，而他自己也视西魏为宗主，就不敢再对萧察怎样了，于是目标转向，移到了弟弟萧纪身上。

萧绎总是那么贪婪，对萧纪的蜀地早就垂涎不已。他曾利用职务之便，把萧纪的儿子，拥有一万军士的萧圆正骗到江陵，说要给他调动工作，升职为平南将军。当侄子老老实实地来拜见叩谢他这个叔叔时，他根本不露面，而是派人招待萧圆正喝酒，把萧圆正灌醉后送到王府的小黑屋里囚禁起来，然后瓜分了萧圆正的军队，还派人检举揭发他犯罪。

萧纪知道这事以后，气得跟哥哥分道扬镳了。从此，两人结下了仇怨。

萧纪跟萧绎一样，也有着一颗当皇帝的心。他比正史承认的梁元帝萧绎称帝时间还早七个月。在侯景被王僧辩、陈霸先赶出建康满世界逃难的时候，萧纪在成都自立为帝，改元天正，立萧圆照为皇太子。

这个萧圆照比他爹有一颗更大的皇帝心，他希望父亲能消灭伯父萧绎，独霸整个南方大地，将来自己接班继位时，便可以做一个大国君王了。为了实现自己的大国君王理想，萧圆照向他爹撒了个弥天大谎，“侯景未平，宜急征讨。已闻荆镇为景所灭，疾下大军”。萧圆照当时驻守在巴东，他利用父亲身在四川腹地成都，信息不畅的劣势，在侯景已被平定的情况下，派人去跟萧纪撒谎说，侯景还没有被削平，而且荆州也已经被侯景攻破，国家应该趁这个时候出兵东下进行攻击，坐收渔翁之利，成就天下大业。

萧纪听说萧绎被侯景灭了，那高兴劲儿就甭提了，立即倾全城精锐向建康进军，他觉得最大的对手萧绎已死，天下已经在自己囊中了。

萧绎得知萧纪大军东下的消息后，又恨又怕。恨的是萧纪无视自己这个哥哥的存在，擅自称帝不算，还杀气腾腾地耀兵江南。萧绎心里恨不得这个弟弟早点死掉，“上闻武陵王纪东下，使方士画版为纪像，亲钉支体以厌之”。挺好玩的，萧绎为了诅咒率军东下的萧纪早病早死，找来巫师在木板上画出萧纪的画像，然后亲自将钉子钉在萧纪画像的四肢和头上，一边钉钉子，一边嘴里诵念咒语，企图用法术把弟弟萧纪诅咒死。

萧绎之所以这么恨弟弟，是因为他心里对萧纪的东下有着不一般的惧怕。当时江陵的防守力量单薄，王僧辩率领的主力部队正在跟王琳的部下陆纳等人激战。王琳就是那个被萧绎改名好羞辱姑父一家人的舅哥。仗着身份特殊，王琳虽在王僧辩手下，但他根本不服从王僧辩的管理，在建康城里恃宠纵暴，大搞烧杀抢掠。王僧辩告了他一状，萧绎这回不知道怎么了，居然大义灭亲，把王琳召回江陵，投进监狱。

王琳虽然军纪败坏，但他作战勇敢，在击破侯景攻进建康的战斗中，他和杜龛功劳第一。王琳自己直接指挥领导的部队有一万多人，这些人以前都是长江和淮河一带的强盗土匪，因为王琳平时对他们特别好，所以他们对王琳忠贞不贰，只服王琳，别人管他们，他们不听。

得知老领导王琳被囚后，这支部队在王琳的副将陆纳等人的带领下发动兵变，把围剿他们的荆州军打得很难看，后来又趁着萧誉被灭，湘州无主的时机，攻占了长沙，以长沙作为据点，跟荆州军对抗，最后弄得王僧辩不得不亲自上阵，指挥军队包围长沙，对陆纳进行强力打击。

虽然王僧辩把陆纳这帮人揍得鼻青脸肿，但他们依然守着长沙城顽强抵抗，拒不投降，要求释放王琳。最后萧绎没辙，只好叫王琳去收服他们。王琳一到战场，说了句你们都散了吧，陆纳等人马上就放下武器停止抵抗。真是卤水点豆腐，一物降一物。

不过这都是后来的事，在萧纪率军东下时，萧绎还没想到王琳有这么大的影响力，他以为凭武力就能轻松搞定这一小撮叛变者，所以命令王僧辩毫不客气地对长沙予以痛击。双方正打得火热呢，萧纪来了，萧绎能不着急害怕吗？面对来势汹汹的弟弟，萧绎跟当年的萧察一样，向西魏请求支援，希望西魏出兵攻打益州，迫使萧纪回军自救。

萧绎的求救又让宇文泰喜出望外了一次，他觉得当年的老对手萧衍这家人真是太好了，不停地给自己送来大礼包，刚收下他孙子送来的汉东地盘，还没来得及开发，他儿子又送来了四川，还让不让人的心脏正常跳动呀。宇文泰欣喜若狂地对满朝文武说："取蜀制梁，在兹一举。"他认为这次是吞并巴蜀，制服梁国的最好机会，只要军队能攻进成都，占领巴蜀大地，那么长江、汉江两大流域就都在西魏的控制之中，先前无法战胜，只可远观遥看的南梁将永远被西魏捏在掌心随意揉弄。

宇文泰命令自己的外甥尉迟迥率领军队打向成都。萧纪走到今天的重庆地区时，才收到西魏出兵攻打自己大本营的消息，赶紧分出一支部队回军增援，保卫成都，其他部队则继续跟随自己向东前进。

萧纪之所以不全军后退回援成都，是基于他对成都外围防线的信心。西魏要想进入成都，必须要通过剑阁这样的地势险峻的关口，这个地方全是不可攀登的高山，只有中间一条羊肠小道，只要剑阁守将封住这条小路，魏军插翅也飞不到巴蜀之地。

事实上确实是这么回事，萧纪的想法也没错，只是他没有想到人的因素。剑阁的那些守将早就看扁他了，不愿为他这样的领导卖命，“今侯景初平，宜同心戮力，保国宁民，而兄弟寻戈，此自亡之道也”。剑阁守将非常鄙视萧纪这种国家刚平定大乱，就不顾百姓死活，大搞兄弟残杀的行为，认为萧家兄弟这是自取灭亡，朽木难雕，跟着他们没有希望，不如投靠关中建功立业。

就这么着，尉迟迥兵不血刃就进入了巴蜀腹地，更多的巴蜀守军不作抵抗，直接投降西魏，最后，萧纪人还在旅途，家就没了，成都被西魏轻松占领。

南北朝的历史到晚期的时候出现了颠覆性变化，这一切都是侯景引起的。东魏跑出了个侯景，搞乱了实力最为强大的南梁，让实力最小的西魏占得了大便宜。侯景投梁事件，看似只是影响了萧衍的性命和萧家的皇位传承，但其实是一件影响中国历史走向的深层事件。正是侯景之乱的发生，导致南梁四分五裂，打破了“前三国时代”的力量平衡。

本来西魏的力量最为弱小，高欢几次出兵直接越过黄河寻找宇文泰的主力决战，试图一战歼灭之，然后统一黄河流域。而力量薄弱的宇文泰主力每次都是尽量躲着高欢，玩起了打游击、捉迷藏等战场游戏，饶是如此，西魏仍然在东魏的绝对压制之下，即使枭雄高欢去世，宇文泰作为元老级军事家，力量也还是不能压过东魏。

没想到南方一声霹雳响，突然蹦出了一个侯景。借着侯景造就的乱局，西魏抢占了大片南梁国土，继承了诸多政经、地势和人口红利，成为这场变局的最大赢家，势力迅速发展，逐渐从老三跳升为势力最强的老大。

这种局面的持续发展深刻影响了此后一千年的中国历史。西魏被北周取代后，北周全盘接收了西魏的各种强大资产，并借此灭亡了取代东魏的北齐帝国，把一个统一的大北方交到了杨坚的手上。而杨坚再次加码，凭借统一所产生的强大国力，挥师长江，使南北真正在同一种政令下运行，实现华夏统一，催生了盛世唐朝。

当然，我们并不能因为后来的各种因素累积而产生的这些良性客观结果而褒扬侯景，这样就大错特错了。侯景给他所在时代的百姓带来了地狱般的恐惧、伤害和死亡，对社会秩序以及经济、文化、道德等一切维系国家良性运转的基因分子都造成了全面的灾难性的后果。

侯景虽然死了，但阴魂不散，灾难还在继续，萧纪、萧绎两兄弟裹挟着无数人的残杀才刚刚开始。

当萧纪的水上舰队快要出川时，他才知道侯景已死，荆州更没有被侯景攻破的事实真相。这个时候，他才知道是儿子萧圆照有意骗他出兵的，于是气呼呼地把萧圆照招来一顿责骂。

萧圆照并没有因为父皇的痛骂而放弃自己的想法，他建议父亲继续走下去，“侯景虽平，江陵未服”。萧圆照这次是拿伯父说事，侯景虽然死了，但对父皇来说，江陵才是心腹大患，荡平江陵，才能真正坐稳天下。

萧纪一听，觉得确实是这么个理，反正来都来了，那就干吧。再说自己已经登基称帝，不可能再屈居人下了，只有攻克江陵，让七哥在这个世界上消失，才最符合自己的利益。

做出决定后，萧纪的舰队浩浩荡荡向江陵驶去，很快便兵临江陵城下。江陵守军往长江里倾倒石头，然后两岸拉起铁链，阻挡舰船。萧绎急眼了，先后从监狱里放出了三个人，让他们带兵去抵抗萧纪。

一个是侯景手下的大将任约。任约被俘虏后，萧绎没有杀他，一直把他关在监狱里。这会儿把他放出来，把庐陵王萧续的女儿许配给他为妻，叫他戴罪立功，“汝罪不容诛，我不杀汝，本为今日！”对坏事干尽的任约而言，他能活下来，肯定连他自己都没想到。跟他一块儿被俘虏，又跟他一块儿被送到江陵的几个侯景手下大将，除了他和谢答仁，其余的全都被残酷处死，只有他俩在监狱里关到现在。

任约带着萧绎分给他的一些皇家禁卫军去前线后，战况依然吃紧，萧纪的战舰撞断铁链，向江陵城下突进。萧绎只好再放出谢答仁，让他也上前线。这两人虽然多次犯下屠城罪行，但打仗都是一把好手，萧绎就指着他们为自己撑住防线了。

同时，为了王僧辩能迅速回救江陵，萧绎不但恢复了王琳的自由，还恢复了他之前的封爵和职务，让他火速赶赴长沙平定陆纳。王琳一进长沙城，一直对王僧辩梗着脖子硬抗的陆纳等人立即拜倒在他的身前。

在调兵遣将进行自救的同时，萧绎还主动给弟弟写信请求和解，“上遣使与纪书，许其还蜀，专制一方”。萧绎口气软软地劝萧纪返回巴蜀之地，并承诺允许他专制四川地区，等于是许可他在四川成立国家，不干涉他的内政。只要你退兵回去，一切都好说。

萧纪拒绝了这个提议，他要留下来继续攻打。后来萧绎继续给萧纪写信，信中和他大谈兄弟友爱，骨肉亲情，希望他就此停歇，罢兵两好，但萧纪都懒得回信了，回答萧绎的是更猛烈的进攻。

只是，情况在慢慢发生着变化。

由于作战经验丰富的任约和谢答仁的介入，萧纪的军队推进缓慢，双方僵持在江陵城外。另外，由于长沙的棘手之事已经解决，王僧辩和王琳正带着队伍向江陵赶来。而萧纪的巴蜀军因为久攻不下，且忧于敌方援军将至，士气开始衰落。再加上萧纪嗜钱如命，小气抠门，将士普遍对他怨气冲天，不高兴再为他卖命冲锋。

这萧纪是个吝啬鬼。他随军携带了大量的金银财宝，光黄金就有一万斤。黄金铸成金饼式样，每块金饼重一斤，一百个金饼装一个箱子，总共装满了一百箱。白银就更多了，有五百箱。每次打仗之前，萧纪都把这些黄金白银和锦绣彩缎等值钱的宝物拿出来公开展示，“每战则悬金帛以示将士，终不赏赐”。所谓重赏之下必有勇夫。大战之前，悬挂金银宝物，告诉战士，凡立功的，都可以奖励金银，这样肯定会极大提高战斗力。

但萧纪把黄金、白银、锦缎悬挂出来是炫富的，将士们虽然看到了成箱成箱的金银，但领导不会舍得赏赐他们一两金银，立再大的功也不会赏。每次萧纪晒金晒银，士兵们都望眼欲穿，希望能分得一点儿黄白之物，但每次都以失望告终。

萧纪的部将陈智祖请他拿出金银募集敢死勇士，萧纪断然拒绝，陈智祖又气愤又失望地恸哭而去，他知道，这样下去，巴蜀军是完了。

确实是到了快玩儿完的时候了。萧纪士卒离心，频战不利，又听说成都被西魏军围困，忧愁烦闷，不知该如何是好。最后他不想打了，派乐奉业去给萧绎送信求和，说愿意按照他第一次信中所提的条件，退兵回蜀，专制一方。

哪知道这个乐奉业认为他是个成不了大事的铁公鸡，不愿意再跟着他，把萧纪军队凄惨的实情原原本本透露给了萧绎，“蜀军乏粮，士卒多死，危亡可待”。乐奉业跟萧绎说蜀军将士死伤众多，又没有粮草，不用打了，再等段日子他们就自己瓦解了。

萧绎得知这个核心机密后，当然拒绝了萧纪的和谈请求。萧纪觉得不理解，这家伙怎么回事呀？刚说的话就不算数了？骗子，大骗子。他心里后悔死了，为什么要跑来打江陵？为什么刚开始不接受专制巴蜀的条件？现在弄得骑虎难下，进退不能，只有等死了。

死亡的日子很快就到了。在一场大战之后，蜀军彻底溃散，萧纪带着部分残兵顺江逃命。江陵大将樊猛在后面猛追，将萧纪的船队紧紧围在中间，防止他逃脱。因为萧纪是萧绎的弟弟，樊猛只敢包围他，却不敢攻击，怕事后自己吃不了兜着走。

为了保险起见，他先派人去向萧绎请示明确的处置方法，是生俘还是打残？或者是警告一番后故意放走？哪知道萧绎的回信只有嘎嘣脆的六个字：“生还，不成功也。”有了最高指示后，樊猛带刀进入萧纪的战舰内。

萧纪见樊猛要杀自己，吓得绕着榻躲避，边躲边把许多装满黄金的布袋扔向樊猛，哭着求饶说：“以此雇卿，送我一见七官。”一个人面临死亡的威胁时，为了活命，真是什么尊严、脸面都不要了。都这个时候了，萧纪还想着萧绎或许会看在兄弟一场的份儿上饶他不死，居然说把那些大袋大袋的黄金送给樊猛，作为雇用他的劳务报酬，请他送自己去见七哥一面。

樊猛觉得挺好笑的，“杀足下，金将安之！”我杀了你，那些金子不还都是我的吗？难道金子还能自己跑掉不成！这种事情的结果是注定不能改变的，只有死这一种出路，樊猛若是不杀死萧纪，他自己回去就是死。

萧纪被杀后，萧绎对这个小弟弟依旧恨意难消，开除了萧纪的皇家户籍，剥夺了他姓萧的资格，将他改姓为“饕餮”。饕餮是传说的一种中凶恶丑陋的怪兽，贪食又贪财。萧绎觉得萧纪擅自称帝，对权力、对财物贪婪如饕餮，以此丑化萧纪。

不过随着时间的演变，“饕餮”这个词现在已经变成了一个带有明显的褒义的词汇。“饕餮大餐”是大家经常挂在嘴边的一个常用词，甚至“老饕”这个词都已成了美食家的代名词，宋代美食家苏东坡就曾写过一篇《老饕赋》。这大概是萧绎没想到的，因为在他那个时候，“饕餮”是一个实实在在的低端、下三烂的词语。

萧绎不但给了弟弟一个下三烂的差评，还对无缘无故被他关在小黑屋里的侄子萧圆正使用了下三烂的手段。

萧纪死后，萧绎故意派人通知被关押多时的萧圆正，说巴蜀的侵略军队已经全部覆灭，你爹生死不明，可能跌到水里淹死了。萧绎之所以这么说，是有着险恶用心的，他想借此打击侄子的心理，使他产生绝望情绪，然后自杀而死。这是他想要的完美结果，既除掉了心头之患，又避免背上无故杀死亲侄子的坏名声。

萧圆正听到父亲的凶讯后，每天大哭不止，声嘶力竭，悲伤哀痛，可一点儿也没有要自杀的意思。萧绎每天多少次派人去萧圆正的囚室边偷看，看他有没有自杀，可每次都让他失望，萧圆正没有丝毫自杀的倾向，也没有得抑郁症的迹象。

后来萧绎实在等不下去了，把他跟被俘虏的萧圆照一块儿关进了大牢，下令断绝他的饮食供应，让他饿死，“上并命绝食于狱，至臂啖之，十三日而死”。太残酷太悲惨了。萧圆正兄弟俩没吃的、没喝的，饿得受不了时，甚至拿自己的手充饥，把自己手臂上的肉咬下来吞进肚子里。按照现代科学解释，这个时候他俩应该是饿得产生幻觉了，大脑已经不能自主控制身体和行动了，不然无论如何也解释不了这种饮鸩止渴的疯癫行为。十三天后，兄弟二人凄惨死去。

随着萧圆正和萧圆照的惨烈死亡，萧绎的巴蜀大患彻底解除。只是，这个时候的巴蜀大地已经落入西魏手中。

一心忙于家族内斗的萧绎不知道，对他而言，西魏的巴蜀比萧纪的巴蜀更危险，更具压迫力。是他自己向西魏招手，把西魏引进南梁，说他开门揖盗也不为过。马上，他就会自食苦果。

萧绎，侯景之乱后南梁最大的军事集团首领，他的侄子、弟弟个个都结局凄惨，他自己的结局会是如何呢?

第十一章　江陵终结

“朝辞白帝彩云间，千里江陵一日还。两岸猿声啼不住，轻舟已过万重山。”诗人李白这首诗中所说的江陵，就是南梁国湘东王、荆州刺史萧绎的治所所在地。李白写这首诗时，虽然距萧绎年代已有200年之久，但江陵依然叫江陵，名字并没有改变。不过现在，江陵早已不是一个独立对外的行政地名，只是湖北省荆州市辖下的一个区，而现在的荆州就是过去的江陵。

萧绎在江陵手握重兵，惬意地做着一方老大。当侯景之乱发生时，当他的父皇萧衍遭受围城折磨时，这位老大阳奉阴违，恨不得侯景快快弄死他爹。而当侯景如他所愿饿死了萧衍后，他愤怒地拍案而起，公开大骂侯景，伤心欲绝地表示要兴兵东下，竭尽所能为父报仇，为国除害。

说干就干，而且干得大义凛然、理直气壮。萧衍死后，萧绎用上好的檀香木雕刻了萧衍的画像，把画像供奉在大殿中，每天把对着木刻画像祭祀、汇报当作一件政治大事来做，“事之甚谨，动静必咨焉”。写到这里的时候，我都想在脚边放上一个盆，呕吐的感觉相当强烈。萧绎每天祭祀父亲，态度端正，毕恭毕敬，自己当天做了哪些事情，明天、后天还有哪些工作安排，他都在木像前认真汇报，连标点符号都不遗漏。

可事实上，萧绎此人，说的话连标点符号都不能相信。这孝顺劲儿装的，真是出神入化的演技派。不知道内情的人一定会被萧绎的忠诚和仁孝所感动，多么坚贞不屈、深明大义的好儿子呀，即使太子萧纲已经称帝了，即使其他地区都奉建康的萧纲为正朔，但江陵的萧绎却义正词严地不支持、不赞成、不承认萧纲的皇帝身份。他的理由貌似很充分、很大义，说萧纲是被反贼侯景控制的木偶，属于伪政权，因此拒绝使用萧纲的“大宝”年号，坚持继续沿用萧衍的“太清”年号，别人都是大宝元年，江陵则是太清四年。

萧绎要是真像他表现得这么忠贞不贰，侯景早就死于荆州军的手下了，哪来后来这么多衍生的曲折故事？其实这种不承认，说白了，就是萧绎眼红、嫉妒、不服气，自己想当皇帝。

随着局势的演变，萧绎当皇帝的梦想终于实现了。侯景被除、萧誉被平后，萧绎在江陵登基称帝，史称梁元帝。即便到了这时候，他依然没有改元，而是继续沿用父亲的太清年号，以显示自己继承父皇遗志，是梁国的正朔所在，不过后来还是改元承圣。

南梁走到萧绎称帝这个份儿上，其实已经是日薄西山，注定灭亡了。萧绎如果想凸显自己的存在，让自己的半壁河山存在得相对久一些，最聪明、最正确的做法，是老老实实，不要挑头找事。

因为当时西魏和北齐这两大冤家互相敌视，时不时就打在一起，南梁作为三角中的一角，西魏和北齐都是愿意跟他友好相处的。怎么说，南梁也算是一个秤砣，虽然重量很轻，但多少还是能起到一点儿稳固配重作用的。不过南梁作为同时代实力最弱的第三方，即使是完全彻底地站在某一方反对另一方，也无法改变和影响大局面，无法对另一方形成压倒性优势。凭萧绎的力量，顶多也就能使他投靠的那一方在PK的时候多一把斧子而已，而对方手上拿的是丈八长矛，你那只能削木棒的斧子，有你不多，无你不少，如此而已。

面对这些实际情况，萧绎却并不自知。皇帝才做了一年多，大概是臣下的奉承话听得太多，太当真了，他信心爆棚，觉得自己当了皇帝，实力强大了，可以跟西魏叫板，跟他们瞪眼睛、甩脸子了。于是萧绎写了一封信给宇文泰，提出不再对西魏称臣，不再承认之前和西魏划定的边界，要求西魏归还巴蜀诸多州郡和汉水以北的土地。

在宇文泰看来，萧绎这种单方面撕毁友好条约的行为就是作死。他恨恨地扔给萧绎一句话，上天如果要抛弃你，谁也救不了你！宇文泰没有派人去谈判，只用战斗给予萧绎回应。他觉得，襄阳的萧察比江陵的萧绎更听话，所以决定灭掉萧绎，扶持萧察作为西魏的南方代理人。

承圣三年（554年）十月，宇文泰派侄子宇文护以及名将于谨、杨忠、长孙俭等人率领五万精兵和萧察一起攻打江陵，意在一次性踏平江陵，解决萧绎。

可笑的是，萧绎根本不相信宇文泰会跑到江陵来打他，当一个以前投降西魏的梁国将领偷偷叫人给萧绎送去魏军即将南下的消息时，萧绎嗤之以鼻，认为这消息是哗众取宠，不值得相信。不单是萧绎不信，江陵小朝廷的满朝文武也都是坚决不相信的态度。领军将军胡僧祐和太府卿黄罗汉说："二国通好，未有嫌隙，必应不尔。"侍中王琛也劝皇帝安心："臣揣宇文容色，必无此理。"萧绎的手下都附和着萧绎，这个说，两国关系这么好，他们不会打过来的；那个说，目前宇文泰表现正常，没有任何跟我们开战的迹象。其实，当萧绎和臣下在肯定宇文泰不会发动战争时，西魏的军队已经到达襄阳了。

萧绎是一个比他爹更不适合当皇帝的人，他爹萧衍虽说老来糊涂，但好歹也算是半截英雄，年轻时军事谋略出众，打下了江山，也在相当长的时间里完好地守住了江山。萧绎跟他相比，各方面差得太远，尤其是军事、政治方面，表现得幼稚且弱智。

西魏在兵发江陵前，于谨就曾经对本次出兵结果信心十足地进行过预测。长孙俭问于谨，如果我们是萧绎，站在他的立场上，应该如何应对这次的大规模进攻呢？于谨为萧绎想了上、中、下三条策略。

上策是先在汉水一带驻扎重兵，阻挡南下之军，然后携带所有辎重物资，搬空整个江陵城，顺江而下，直接前往建康，在那里建都；中策是把江陵城外的所有居民和军队全部撤入内城，放弃外郭，集中力量死守内城，等待援军到达；下策是将兵力布置在外城防线，进行外线作战。

长孙俭又问，那你觉得萧绎会选择哪种策略呢？于谨毫不犹豫地回答说，萧绎一定会选下策。因为萧绎懦弱无智，缺乏决断，犹豫多疑，不会选前面两策。

其实关于迁都建康的问题，在称帝之初，朝臣就进行过激烈辩论，一派主张去建康，一派主张留在江陵。最后萧绎拍板，不去建康，以江陵为都城。做出这个决定，一是建康由于连年战火，确实变得衰败破落，萧绎认为这地方不适宜再作为都城，但更深层次的原因是，萧绎贪恋久住江陵的个人感觉和根底深厚的优势，不愿再去建康从来再来。

短视的萧绎从来就不会去想，江陵离边境太近了，汉江上游和巴蜀地区被西魏占领后，江陵已失去了战略地位优势，敌人要想进攻的话，从陆路、水路都能很快打过来。而作为一国之都，动不动就被敌人兵临城下，没法发展和建设，整天提心吊胆地深挖洞，广积粮，时刻准备着拼刺刀，这没法弄，所以把都城设在建康肯定比江陵好很多。

所以说萧绎没有政治眼光，没有军事头脑。他要是有政治眼光的话，就不该在这时候跟力量比自己强大得太多的西魏撕破脸皮。要求国家主权当然是对的，但先要正确估计自己的实力，先韬光养晦，有自知之明是一个领导人必备的素质。光图一时心里快活嘴巴爽，把敌人招来了，结果又打不过人家，被人家踩得更惨，别说国家主权，连国家都没了。

当西魏军队战旗猎猎地进军江陵时，萧绎并没有认真进行备战，而是在给朝廷大臣和高级将领们讲授老子的《道德经》。敌人的坚船利炮都快到家门口了，他还在兴致勃勃地办讲坛，像个老教授一样，在讲台上大谈自己学习老子文章的体会和感受，并要求大家一起认真学习并领会。

滑稽的是，那些将军们来听课时都身着戎装，盔甲鲜亮。他们是没办法，不来给皇帝凑数捧场不行，但他们知道形势紧张，于是就全副武装来听课，做好下了课堂就上战场的准备。

萧绎就是这么糊涂，当他终于确定西魏军队是真的来攻打江陵后，那种慌乱与无助跟他的糊涂与可笑一样让人印象深刻。

为了保卫江陵，他紧急征调王僧辩和王琳两员大将，命他们以最快的速度援救江陵。可这两个人都离他远着呢，王僧辩在建康驻军，要赶到江陵，得多远。从江苏到湖北，差不多就是君住长江头，我住长江尾的关系，岂能说来就来？为了让王僧辩早日西上，萧绎连纸张都来不及铺展，随手撕了一块绸布，急吼吼地在绸布上写道："吾忍死待公，可以至矣！"这封信写的，翻译出来跟青年男女热恋时互相表白坚贞的情书一样，我强忍痛苦，不肯去死，就是在等着你，你快点到来吧！

而王琳离他更远，因为不久前他刚刚故意把人打发到穷山恶水、瘴气肆虐的广州当刺史。萧绎害怕王琳的勇猛，上次又见识了王琳手下强悍的军队和他们对王琳的忠诚，他不敢把这样的猛将放在身边，总疑心他会造反，所以尽量有多远就把王琳踢多远。

王琳南下广州前喟然长叹："今天下未定，迁琳岭南，如有不虞，安得琳力！"王琳还是比较有军事见识的，他认为朝廷应该把他调到雍州的边境一带去捍卫帝国边疆，在国家纷乱未定之际，把他这么一个能打仗的将领撇到山重水复的遥远的岭南，万一将来国家出现紧急情况，怎么能得到自己的效力？果然被他说中了，这个时候，萧绎想起王琳的好了，急召他北上勤王。

然而远水救不了近火。十二月初二，西魏军队在陆续攻占了江陵周边的州县后，全军抵达江陵城下，对方圆六十里的江陵外围工事实行无缝包围，并对上百个目标同时发起攻击，让城内守军顾此失彼，无暇防守。

对魏军而言，战斗进行得异常顺利，开打没多久，江陵城内就有许多将军主动开门投降，把魏军迎进阵地。萧绎不得已带着太子萧方矩和王褒、谢答仁、朱买臣等人退入内城，暂避魏军凌厉的攻势。

在萧绎被西魏大军困在狭小的皇宫内城时，王僧辩的军队还在半路上，王琳的军队刚过长沙，没有半个月二十天的，不可能到得了江陵，而此时的萧绎，面对四面之敌，怎么可能撑那么久？事实上，他只撑了不到两天。在这段短暂的时间里，萧绎多疑且愚蠢的个性再次得到淋漓尽致的展现。

虽说当时萧绎已经被包围，但也还是有突围的希望的。萧绎的儿子晋安王萧方智就在江陵城的不远处，辅佐萧方智的是特别能战斗的任约。谢答仁和朱买臣对绝望的萧绎说，城内守军实力依然很强，可以趁着黑夜强行突围冲到城外，去长江南岸投靠任约，以待王僧辩和王琳大军到来。

萧绎为难地说，我不会骑马，肯定跑不出去。谢答仁表示愿意在萧绎身边搀扶着他，将士将他围在核心，保护他杀出去。萧绎心动了，觉得这个办法可行，便同意了。过了会儿他又去问王褒，这方法行不？王褒说，这哪儿能行，谢答仁和任约都是侯景的旧党羽，他的话怎么能信，他这是故意想把你骗到任约那里控制、宰割，何其毒也。与其让他立功，还不如我们自己直接投降。

萧绎听王褒这么一通天马行空的发挥，感觉很有道理，便拒绝了谢答仁的建议。谢答仁见突围之策被否，便请求死守内城，说他可以在城内集结五千人，强力保卫皇城。萧绎被谢答仁的忠心感动了，任命他为城中大都督，负责指挥城内所有兵马，并答应把自己的女儿许配给他为妻。之后萧绎再去找王褒商量这事，王褒还是老态度，坚决反对谢答仁。萧绎于是又推翻了自己之前的承诺和决定。谢答仁请求入宫面见萧绎，跟他阐述守城的方法，萧绎觉得他别有用心，拒绝让他进宫，气得谢答仁吐血而去。

在被包围的这短短几十个小时里，萧绎不仅让有心为他效忠的谢答仁气得吐血，也让无数的后世人气得吐血，因为他在这期间干了件遗臭万年的事情——焚书。

萧绎这个人简直是满身缺点，多疑、狭隘、自私不说，心理素质还很差，稍微遇到点儿危险或挫折就马上陷入绝望之中。刚刚退入内城，手上还有可以一搏的力量，他就觉得天崩地裂、在劫难逃了。极度绝望之际，萧绎想到了自己多年来收集到的十四万卷图书，既然自己以后不能再拥有这些图书，那也不能让别人拥有。本着这种自私心理，萧绎下令手下点火烧书，把十四万册藏书付之一炬。这些藏书焚烧了很长时间，直到西魏军攻进内城时，大火还没有熄灭。

十四万，这是多么庞大的数字，就这样被一个文化疯子彻底毁灭了。萧绎所在的时代，印刷术还没有发明，图书都是靠手工一笔一画抄写出来的，很多书都是孤本，烧掉一卷，世界上便绝迹一卷，所以萧绎的这次焚书是中国文化史上一次空前绝后的浩劫。为什么现在流传下来的南朝以前的史料相对较少？跟萧绎这次焚书有很大关系，如果不是他的疯狂行为，中国历史文化的遗存会丰富很多。

算起来，中国历史上曾发生过三次大规模的焚书灾难。在南朝之前焚书的是秦始皇，这个战争狂人烧起书来毫不手软，但他却知道不烧农林种植和科学医药方面的图书，为后世留下了一部分光明的种子，比起萧绎无选择、无差别地彻底焚灭的行为，虽然同样可恶，但怎么着也算理念尚存、手下留情了。

萧绎之后的焚书狂人是乾隆皇帝。他忽悠全国民众说要编纂《四库全书》，号召国人踊跃向朝廷献书，有偿使用，朝廷抄录后原本奉还。结果呢，言而无信，把近乎一半的在朝廷看来不利于维护统治稳定，有煽动颠覆朝廷嫌疑的图书全部查扣焚烧了。

不过这两个皇帝烧掉的图书，都没有萧绎烧掉得多。萧绎这个短命皇帝，别的第一没法创造，在毁灭文化方面，他创造了一项第一。论烧书，没人比得过他，这其实也属于刽子手的一种，对文化的毁灭比对肉体的毁灭更为残酷和惨痛，因为文化是无数人精神与智慧的结晶。

对萧绎面临失败时的这种无理由的焚书行径，俘虏他的西魏人很不理解，充满疑惑地问他这么做的原因："何意焚书？"萧绎的回答让人啼笑皆非："读万卷书，犹有今日，故焚之！"萧绎到死也没有明白，导致他事业和人生失败的根源，是他自身的短板与缺陷，但他却迁怒于书，觉得自己一生读了那么多书，最后竟然是这种结局和下场，是书误了自己，于是把满腔失望与怒火都撒到了书上面，真是荒唐的逻辑。

书籍只是一种工具与载体，好的人可以通过书籍学好，坏的人可以通过书籍学坏，结果是正是反，完全取决于读书者本人。就像是一把菜刀，你可以拿它切菜、切水果，享受美味，但要是被菜刀切断了手指，能怪菜刀太锋利吗？一条船，会熟练运用它的人，很快就能到达想去的彼岸，而蠢笨无能的人把船弄翻了，掉到了水里，能责骂船害了自己吗？萧绎就是这种菜刀切手骂菜刀，弄翻船只怪船只，从来不找自身原因的可笑者。

江陵仅被包围了两天，萧绎就放弃抵抗，主动出城投降。他去掉了一切皇帝的仪仗，身穿素色的平民服装，骑着一匹白马从东城门出城向于谨投降。西魏军看到萧绎出城，各部队都飞奔出阵，上前争抢这个俘虏，有的抓住他的身体，有的抓住他的马匹，把他押往于谨所在的指挥部。中途有人见他骑的这匹白色的宝马威武雄壮，把他拽下马背，抢走宝马，然后给他换上一匹难看的瘦马。

于谨对这个烧书的家伙不感兴趣，把他交给萧察处理。落到萧察手里，萧绎能有好吗？萧察的哥哥死在他手里，自己当年也被这个叔叔欺负得不成样子，所以，接管萧绎之后，萧察把他带到自己的大营，关在一个破房子里，对其极尽侮辱，以报当年之仇。

萧绎被整得实在受不了，便以有重要的事情相告为由，要求面见正在接管江陵皇宫内城的长孙俭。长孙俭听说消息后，觉得肯定有大惊喜，兴高采烈地跑来跟萧绎见面。果然是有特大惊喜，萧绎神秘兮兮地咬着耳朵告诉长孙俭：“城中埋金千斤，欲以相赠。”得知萧绎要把他之前偷偷埋藏在地下的千斤黄金送给自己，长孙俭心里乐开了花，马上把萧绎放出小黑屋，随他来到江陵内城寻找黄金埋藏点。

没想到千斤黄金这事是一个彻头彻尾的骗局，萧绎在城内对长孙俭坦白说：“岂有天子自埋金乎！”他这么说，只是想借长孙俭之手把自己带离萧察的大营而已，他不想再在侄儿的手底下受苦受辱。但是，作为一个亡国者，萧绎没有选择，他逃脱不了宿敌萧察的掌心，长孙俭最后还是把他交给了萧察。没过半个月，萧察就杀死了萧绎。

萧绎的死法跟萧纲一样，“以土囊陨之”。就是用装满泥土的袋子压住鼻孔和嘴巴，把人活活闷死。萧绎死的时候47岁，从称帝到灭亡，刚刚两年的时间。和他一起被杀的还有他的两个儿子萧方矩、萧方略以及萧纲的儿子萧大成等皇室成员。

萧察杀起自家的亲戚来，也是格外顺手，丝毫不顾及亲情血缘，这一点倒很像萧绎。

萧绎是一个生性残忍的人，对亲情淡漠如水，父亲和弟兄的生命，他都可以坦然无视，心里巴不得他们全部死光，就剩自己一个姓萧的最好。他的哥哥庐陵王萧续的死讯传到他耳中时，他高兴得跟中了彩票大奖似的，“绎闻其死，入阁而跃，屧为之破”。听说五哥死了，萧绎在外面装得很悲伤，一进自己家大门就原形毕露，在跨越房间门槛的时候，他高兴得一跃而起，落地的时候把脚上穿的木屐都摔碎了，那高兴劲儿，仅次于他登基称帝时的狂喜。

这俩亲兄弟之间难道有啥血海深仇吗？根本不是，一件微不足道的小事而已。

萧绎卸任荆州刺史后，由萧续接任。萧绎在荆州时特别喜欢一位色艺双全的宫女，离开荆州时，他把这个宫女偷偷带回了建康。这是违反规定的，萧续要把这件事据实上报给萧衍。这还了得，既然是宫女，那就是皇帝的女人，不管皇帝用不用，别人都不能用的，萧绎吓得赶紧把那个漂亮宫女又送回了荆州。就为这事，萧绎恨上了萧续，到他得病死亡时，恨不得放上一万响的鞭炮以示庆祝。

这是种相当没人性的做法。对于萧绎而言，还有更没人性的。在西魏军队包围江陵时，江陵的监狱里还有好几千个被判了死刑但还没有执行的囚犯。国难当头，有司法官员向萧绎建议，把这些囚犯从监狱里放出来，发给他们武器，让他们去跟西魏军队作战，戴罪立功。在这种生死存亡的时刻，这个建议真的是个保家卫国的好办法，那些死囚犯完全可以成为一支不可小觑的力量。

“帝不许，悉令棓杀之。”令人想不通的是，萧绎不仅不同意这个建议，还下令把这些囚犯全部处死，而且处死的方法还极度残酷——用木棒把他们一个个活活打死。好几千个人，都要用木棒一下一下打死，得花多长时间？得打多少棒？得有多血腥残暴？幸好，第三天江陵就失陷了，死刑命令还没来得及执行，萧绎自己也成囚犯了。

面对萧绎的凶残，连他的敌国对手于谨都看不过去。攻破江陵后，于谨把被萧绎关押的萧纪、萧誉的子孙全部从监狱里放出来，让他们站成一排，然后拉着萧绎去看那些被他折磨得失去人形的、和他身份一样贵重的皇族成员。那些人被打得满身是伤，手脚上带着铁锁木枷，由于长时间受刑，手脚和身体上多处腐烂，脓血流淌，恶臭难闻，奄奄一息。于谨气愤地当场数落萧绎说，这些人都是你们萧家骨肉，而你对他们却凶暴如此，怎么可以当君王！

于谨愤怒的质问是对萧绎最正确的结论性评价，萧绎确实不可以当君王，他没有当君王的本领、智慧、能力和胸怀。

虽然做皇帝不行，但萧绎作为一个艺术家是名副其实的，只不过算不上德艺双馨，只是一个有才无德的艺术工作者。他博览群书，爱好广泛，博学多才，书法、绘画、音律、诗歌、围棋、天文，甚至相马，他都是个高手，还写过一本名为《相马经》的书。

萧绎曾画过一幅《蕃客入朝图》，把到梁国朝贡献礼的二十多个外国使节画得栩栩如生，现在到国家博物馆还能看到宋人临摹的版本。这幅画本来也被他扔进了火里要烧掉，是西魏军进城后从大火中抢救出来的少量艺术品之一。从这幅画可以看出，萧绎的绘画成就特别高，在古代皇帝群体中，他的绘画水平属于一流方阵。

萧绎的诗作水平也很出色，是当时文坛的代表人物。大家耳熟能详的朱自清的那篇著名散文《荷塘月色》中，就大段引用了萧绎创作的《采莲赋》。只是这个人，文笔漂亮，内心凶残，表里不一，文不如其人。如果他当初老老实实地去救援老父亲，老老实实地吟诗作画，老老实实地醉心艺术，不做不切实际的皇帝梦，南梁大约会是另一番局面，他也不会背上同族相残的恶名。

一切，都源于他极力钻营权力的野心，当然，也可以说是伟大的治国理想，只是，这种词语的变换以及词性的褒贬转换，是要看人的，并不是谁都匹配的。萧绎，就属于不配的那种。

而这次江陵之战的胜方代表之一，萧绎的侄子萧察也不配。

江陵之战结束后，西魏就势占领了萧察以前的雍州地盘，把襄阳纳入自己的帝国版图，将饱经战火的荆州丢给萧察统治，以江陵为中心，大概三百里的地方属于萧察的小王国。

萧察在江陵称帝，这个小朝廷在中国历史上被称为后梁或西梁，不属于正统朝代系列，相当于大树上长出的一根分枝。萧察在江陵是百分百的西魏傀儡，他住在江陵城东，西魏的军队驻扎在城西，名义上说是保护萧察，帮助后梁抵御外来侵略，实际上是监视萧察的，防止他叛变独立。

这个微型朝廷在西魏的允许下，存续了二十多年，也算是一个不大不小的奇迹了。

第十二章　帝国坠落

侯景之乱结束后，梁元帝萧绎是被整个南梁各方势力承认和接受的唯一正朔，梁国朝廷在萧绎的主持下正常运行，如果不是他主动挑事，西魏兵不可能在正跟北齐紧张对峙的环境下出兵南下，萧绎的政权也许还能平安存续。他在不合适的时机做了一件不合适的事，把自己送上了不归路。

随着萧绎的死去，南梁陷入了无主状态。在萧绎称帝的两年多时间里，南梁虽然实力不济，但朝廷的权威犹存，政令仍是畅通无阻的，各地藩镇全都听命于江陵朝廷，没有敢挑战朝廷、自己闹独立的军阀藩镇。但萧绎死后，情形立刻发生了变化，似乎一下子变成了无政府主义，各路军阀开始拥兵自重。

被萧绎急召北上勤王的王琳还没到达江陵，萧绎就城破人亡了。王琳从遥远的南方赶来，不可能再回到那个穷山恶水的地方，便在湘州驻扎下来，控制了长江中游这片区域。

广州的萧勃本来就是天高皇帝远，现在皇帝没了，没人能指派得了他，他在那里当起了老大。

此外，巴蜀和汉中掌于西魏之手，江陵由萧察占据，长江以北尽落北齐高家，萧绎死后的南梁，几近四分五裂。

尽管山河破碎，风雨飘摇，但还好，此时的南梁国，还有两位灵魂人物，他俩一直是亲密战友，在平定侯景的战斗中结下了深厚情谊，两人惺惺相惜，结拜为异性兄弟，还相约成为儿女亲家，他们就像两根擎天铁柱，撑起了四面摇晃的南梁天空。这两个人，就是王僧辩和陈霸先。

在梁元帝萧绎时代，王僧辩和陈霸先可以说是萧绎的左膀右臂，萧绎靠他们二人打败侯景，坐稳天下，所以对他们格外重用，给两人都加封了一大堆官职和头衔，命王僧辩坐镇建康，陈霸先扼守京口，把东南位置最显要的两大重镇的防守任务交给了他俩，自己清闲地在江陵遥控指挥。

仔细分析萧绎的这种国家战略布局，真是显得无脑得可笑。把一个边境的贫瘠城市作为都城，把最强大的军事力量和最英明的指挥将领放在远离都城的地方，丝毫起不到保卫、屏护都城的作用，到底得有多无脑才会这么干？最后敌人杀上门来，最精锐的部队和最能打仗的将军，连眼睁睁看着都城陷落、皇帝被杀的机会都没有，太远了，等他们到达时，战场早打扫得比城市广场还干净了。

如果他不留恋江陵的物业，把都城放在建康，王僧辩、陈霸先两员大将左右护卫，绝不至于称帝时间短促得跟历史一日游似的。

现在，萧绎死了，王僧辩和陈霸先还在，两人共同商量后决定，奉晋安王萧方智为主，延续南梁国脉。萧方智是当时萧绎尚存于世的唯一一个儿子。萧绎一共生有十个儿子，其中五个儿子夭折，另外几个，被侯景杀死一个，阵亡一个，最后江陵城破时跟萧绎在一起的两个儿子全部遇害。只有萧方智因在江州担任刺史，不在江陵城内，才躲过一劫，不然萧家就被一锅端了。

如果真的出现了这种情况，没有萧方智的存在，大概也很难有后来陈霸先创建的南陈。因为陈霸先后来打的就是萧方智这张牌，他把萧方智当成王炸，当成正宗的萧家复国大旗，才在旗帜下聚拢了一大批愿意维护萧家正统的跟随者，才使自己的东征西讨变得合法正义，并无形中为自己贴上了忧国忧民、忠于朝廷的加分标签。

江陵城破两个多月后，萧方智从寻阳到达建康，住进皇宫，没有直接称帝，而是先称梁王，统领全国。这时候的萧方智才十三岁，军政大权其实都掌握在王僧辩手上，他是全国武装部队总司令，职务比陈霸先高。

按说两个势力最大的军方将领一致支持萧方智主持全国事务，应该是一切顺利，不会有任何节外生枝的事情发生了。可偏偏就节外生枝了。

国内虽然没人不服，也没人反对，但国外却有人强烈反对，北齐皇帝高洋就是那个强烈反对的外国领导人。高洋是想趁着南梁内乱来捞好处的，因为西魏捞走的那些好处太让他眼红了，巴蜀、江汉那么大的地方，都被宇文泰抢走了，北齐虽然也趁火打劫了一些地方，但跟西魏得到的好处相比，简直微不足道。

高洋和宇文泰不同，宇文泰埋头抢夺南方肥沃的土地和重要的城市，而年轻气盛的高洋却把精力和武力都用在打击北方游牧民族身上了，长期对北方少数民族穷追猛打，把柔然等一些围着沙漠、草原生活的游牧民族打得闻风丧胆，见到他就躲。高洋特别享受这种威服别人的结果，觉得自己老厉害了，阎王爷见了都绕道走开。

可有一天，当他蓦然回首直视老对手宇文泰时，才发现南梁的红包都快被他抢光了。而且老谋深算的宇文泰不光是抢红包，还着眼长远利益，在南方栽下了一棵摇钱树，扶持萧察在江陵称帝，使自己在长江边上永远有一个利益代理人。

高洋也想这么干，他觉得他有条件这么做，因为他手上也有一张牌，虽然够不上王炸级别，但怎么着也是Q蛋、老K级别的大牌，这张牌可能大家还有印象，就是在寒山之战中被当时还是东魏国俘虏的萧衍的侄子——贞阳侯萧渊明。

萧渊明也算是引发侯景之乱的几个导火索之一，侯景就是在得知萧衍义无反顾地拿他交换萧渊明的信息后，才真正对梁武帝心生恨意和反意的。这个人平庸无能，一生都没什么用处，末了还被北齐结结实实地利用了一把。

寒山之战发生在547年，到高洋打他的主意时，已是555年，他的俘虏生涯已经持续了八年。高洋决定送萧渊明回到南方当自己的代理人，于是封萧渊明为梁国皇帝，派自己的弟弟高涣带兵护送萧渊明南下就任，并为确保事情顺利，调兵遣将，做出了一系列军事部署，准备协商不成就武力进攻。

高洋派使者到建康给王僧辩送去了一封信，信中说萧方智年龄太小，没有能力担当起治国大任，所以他推荐成年的萧渊明回国即位，希望得到王僧辩的支持和帮助。高洋在信中特别强调了萧渊明的身份，说萧渊明是梁武帝的侄儿，皇家血统纯正，无论年龄和声望，都可以很好地保护建康。

话外音很明显，意思就是萧渊明有我们齐国力挺，只要你同意他做皇帝，我们保证建康的安全，如果拒绝，我们齐国大军就打掉建康，让你好看。信的末尾，高洋要求王僧辩，“卿宜部分舟舻，迎接今主，并心一力，善建良图”。他以居高临下、不容置疑的口吻吩咐王僧辩，要求他准备好舰船，到江面上隆重迎接新皇帝，实现齐梁友好合作，共谋未来发展大业。

几天后，萧渊明也写信给王僧辩，请他接纳自己，同意他回国称帝。王僧辩给萧渊明回信说，继承帝位的萧方智是元帝的亲生儿子，高贵的皇家血统来自他的武帝祖父。王僧辩这么说的意思也有所指，是不露声色地提醒萧渊明，论皇家血统，萧方智是皇帝孙子，你只是皇帝侄子，成色不足。王僧辩明确拒绝了萧渊明，说如果你愿意到朝廷任职，共同辅佐皇家事业，我表示热烈欢迎，但如果你的目的是回来当皇帝，我不敢听从命令。

既然谈不拢，就只能亮出肌肉秀武力了。高洋派高涣领兵护送萧渊明南下建康，大将尉谨、萧轨等人分别在长江沿线呼应支持，一旦进程受阻，立即展开攻击，确保武力开道，直达建康。

萧渊明到达距长江不远的东关，也就是今天的安徽省含山县境内时，遭到梁军守将裴之横的阻挡。这是两国的边界线，裴之横当然不许他们通过。见行动受阻，北齐立即启动战争机器，同时对东关及其附近城池发起攻击。梁军抵挡不住，任由齐军在江北攻城略地。东关城在几天时间里就被齐军攻破，裴之横被斩首，几千名守城军士被俘虏。

此战之后，齐军顺利推进，很快便到达长江岸边，手上拿着长矛向建康城里的王僧辩喊话，王大人你到底来不来迎接皇上？

齐军强大的武力炫耀震慑住了王僧辩，他害怕齐军渡过长江后再次血洗建康，便决定改变原来的想法，接纳萧渊明。但他这个想法遭到陈霸先的强烈反对，陈霸先说建康四周梁军云集，齐军如果贸然来攻，必将惨败，他劝王僧辩不要被齐军的恐吓所吓倒，自己的十万大军可以随时增援建康。

陈霸先说这话还真不是吹牛，后来他在独木支撑的困境下，也把进攻建康的北齐军队杀得溃不成军。

陈霸先先后四次对王僧辩突然生出的废方智立渊明的做法表示反对，说废黜武帝的孙子而立武帝的侄子，这不符合帝位传承的法理，而且武帝子孙众多，即使换人，也轮不到旁系的萧渊明。陈霸先发飙了，说我俩同处托孤大臣的地位，你却独断专行，出尔反尔，无故废黜皇帝，勾结戎狄，拥护一个怎么轮都轮不到的人当皇帝，这是想干什么？

自从王僧辩拒绝了陈霸先的反对意见，执意拥立萧渊明后，两人友谊的小船就翻沉了。之前两人推心置腹，相互信任，王僧辩还让自己的儿子娶陈霸先的女儿为妻，只是由于王僧辩的母亲突然去世，服丧期间不能成婚，陈家女儿才没有过门，不然两人都是真正的亲家了。现在，陈霸先的心里已经把王僧辩当成了仇家，两人的战略合作伙伴关系到此结束。

王僧辩做出拥戴萧渊明的决定后，便和北齐讨价还价，商讨条件。说萧渊明当皇帝可以，但必须立萧方智为皇太子。意思就是等以后萧渊明死了，继位者必须是萧方智，不能是任何第三者。这个条件北齐和萧渊明一口答应，丝毫没有还价。

其实这种不靠谱的条件提得很可笑，北齐答应得当然干脆。先让自己的代理人当上皇帝再说，等以后局势稳定了，局面被全面控制后，皇太子难道不能废掉？再说，皇帝当久了，萧渊明也不可能心甘情愿把皇位传给跟自己没有亲近的血缘关系的人，他难道不想传给自己的儿子？到时候随便找个机会就能弄死皇太子。

王僧辩的初衷是想走折中路线，既不敢拒绝北齐的要求，也不想自己扶持领袖人物的功劳付诸东流，抱着“吃完原告吃被告”的心思，这一任皇帝他有大功，下一任皇帝他还有大功。基于这种政治考量，萧渊明在王僧辩的迎接下，顺利进入建康，登基称帝，改元天成。

这样，南梁就有了两个朝廷。一个是西魏扶持的萧察小朝廷，一个是北齐扶持的萧渊明小朝廷。回想萧衍时代完整的梁国，真是恍然如梦，变化太快。

萧渊明登基后，萧方智由名义上的一把手降为名义上的二把手，就任太子。为了继续笼络王僧辩，萧渊明封王僧辩为大司马，全权负责政务和军事。由此，王僧辩在朝中的地位极速抬升，高出陈霸先一大截。

陈霸先本来就对王僧辩和北齐勾勾搭搭恼火得不行，再加上自己在朝中的地位和排名突降，心中大为不满，决定对王僧辩采取军事行动，出兵建康，击杀王僧辩。

但要是直接出兵攻打建康的话，可能很难取得军事上的成功。陈霸先当时手上虽有十万大军，但如果对兵士们说操起家伙杀向京城，肯定会招致大部分人的反对。侯景之乱刚刚平息，现在好好地又去打内战，除了陈霸先的嫡系军队，其他将士多半不会痛快答应。再说，就算是十万人全部高高兴兴地杀向建康，从京口到建康，这么长的行军时间，王僧辩一定会提前得到消息，从而加强防御，陈霸先即便是兴冲冲地跑去了，暂时也占不到大便宜。

如果这两大兵团真火并起来，那整个梁国就不知道乱成啥样了，北方的两个大国趁着这两个神仙打架的时机，还可以畅通无阻地跑来随便捡便宜。最后就算陈霸先胜出，他也是伤痕累累，无力对付那些盘踞各地的大大小小的藩镇了，他当然也就不能创立一个青史留名的朝代。但陈霸先运气好，正是在这个关键时刻，一个军事情报帮了他。

不得不说，王僧辩和陈霸先是迥然不同的两种人。陈霸先狡诈多智，手段狠辣。王僧辩则坦荡实诚，不乏君子情怀，这样的人是良师益友的最佳人选，但不适合涉足波诡云谲、尔虞我诈的政坛和军界。就在陈霸先已经决定出兵除掉王僧辩的时候，王僧辩还像以前一样，对他推心置腹、百般信任，没有一丝一毫的设防。

当前方侦察人员送来北齐大军在寿阳集结，准备南下抢掠的情报时，王僧辩马上派自己的机要秘书前往京口通知陈霸先，叫他小心戒备，以免吃亏。正是这次对陈霸先的体贴又暖心的通知，让王僧辩吃了大亏。

陈霸先完美地利用了这条军事情报。他将王僧辩的机要秘书偷偷关押起来，然后征调军队，大摇大摆地向建康方向前进，因为将士都知道，北齐侵略者又要悍然发动战争了，必须去消灭他们。大家都以为是去打齐国的，哪知道其实是去打王僧辩。

整个行动计划只有侯安都、周文育、徐度、杜稜四位将军知道。行动之前，陈霸先曾召集这四个主要将领讨论这件事。侯安都、周文育、徐度都赞同陈霸先的想法，只有杜稜犹豫不决。陈霸先见杜稜态度不坚定，怕他走漏消息，不由分说用毛巾勒住他的脖颈。在杜稜昏死过去后，陈霸先就叫人将其拖进密室关押起来。然后他将军队分成两部分，一部分由侯安都、徐度等人率领，从长江水路乘坐舰船；另一部分步骑混合军团则由自己率领，从陆路前往建康，两路军队约定在王僧辩所在的石头城外集合。

到达约定地点后，陈霸先和侯安都分别从石头城南北两个方向同时采取行动。侯安都采取的作战方式类似于今天的特警行动，他带着士兵钻树林、爬山坡，悄悄摸到石头城北门后，叫士兵以搭人梯的方式攀上城头。进城后，侯安都紧急搜索王僧辩，想对他直接采取斩首行动。他一路潜伏至王僧辩的卧室，但此时王僧辩不在卧室，而在办公室处理公文。

王僧辩正在伏案疾书时，卫士闯进来报告说，南门外出现攻城军队。王僧辩一听，迅速走出办公室，想去南门视察情况。没想到他刚出办公室，侯安都等人就从他卧室方向冲出来。王僧辩特别奇怪，不是说南门有敌人吗？怎么从北边冒出来这么多敌人？慌乱之中，他和儿子王顗组织了身边仅有的几十名卫士和侯安都等人激战，无奈寡不敌众，只好退到南门城楼，在城楼上向陈霸先请拜求放过。

可这个时候，陈霸先怎么可能会放过他？他向城楼上的王僧辩父子发出最后通牒，要求他们马上下来，不然就放火烧楼。王僧辩没办法，又不想变成烧烤制品，只好下楼向这个昔日的战友兼兄弟投降。陈霸先完全没想到这么轻易就抓住了王僧辩，他原以为自己虽然是突然袭击，但一场激烈的战争总是避免不了的。所以在王僧辩成为俘虏后，陈霸先疑惑不解地问他："何意全无备？"这么轻而易举就控制了都城，陈霸先实在是感觉顺利得有点离谱，所以，他惊讶地对王僧辩感叹道，真想不到，你竟然丝毫没有戒备。

王僧辩的回答也同样让陈霸先没有想到："委公北门，何谓无备？"不知道王僧辩的这句回答，有没有让陈霸先内心生出一丝愧疚与不安。王僧辩说我怎么没有防备？我把北门的防备全部托付给你了！陈霸先所在的京口是建康的北方门户，陈霸先等于是拱守建康北大门的主将，在王僧辩的认知里，东、南、西三面都出事，北面也不会出事，因为这个方向的守卫者，是他的亲密战友、结拜兄弟、儿女亲家。谁承想，他就输在了对朋友真心实意地不设防上。

很显然，他对陈霸先付出了无限信任，内心从未将陈霸先视为政敌和对手，而这，正是政坛最大的忌讳。政治圈里，没有真正的朋友，只有真正的利益。王僧辩以书生情怀、仁慈心态去从事政治，最后在家门口翻船，自是不足为奇。只有陈霸先那样抱着利益第一、朋友最末的理念的人，才能在弱肉强食的政治丛林里生存。

当晚，陈霸先就绞死了王僧辩、王顗父子，一点儿也不念及过去并肩作战的情分。

不过，陈霸先这次对王僧辩下的狠手，也让他自己受到了惩罚。王僧辩的小儿子王颁在梁元帝兵败江陵时被掳入西魏，最后成为隋文帝杨坚朝的一名战功卓著的将军，立志为父报仇。30多年后，隋渡江灭陈时，王颁成为第一批过江的先锋军，摧枯拉朽般地荡平了陈叔宝的半壁江山。

陈国灭亡后，王颁秘密召集了一千多名当年父亲手下的将士，开始自己的复仇计划。他带着这千余人趁着夜色的掩护，一夜之间挖开了埋葬陈霸先的万安陵，剖开棺材，从棺材里拖出陈霸先的尸体，将尸体破坏得支离破碎，然后点火焚烧，又将焚烧后留下的骨灰撒入水中，再用水瓢舀取这种掺着骨灰的河水喝进肚子里。

这种挫骨扬灰的行为，显示出王颁对陈霸先当年杀害自己的父亲之事的刻骨仇恨，这种仇恨持续了30多年都没有消散，既然生不能吃杀父仇人的肉，那就喝下杀父仇人的骨灰，可见王颁的恨意之深。

万安陵在今天的江苏省南京市江宁区，由于王颁的这次破坏性掘墓，陈霸先尸骨无存，陵墓的具体位置也不知所踪。陈霸先是中国历史上身后事最悲惨的一位帝王，历史上大大小小产生过那么多个皇帝，但被仇家这么挖墓焚尸消灭骨灰的，就这么一例。

其实历史上的规矩一直都是无条件保护帝王陵墓的，即使是新朝取代了前朝，对于前朝皇帝的陵墓，新朝皇帝也都是极力保护的，不仅专门派兵保护，还派民维护。这也是王颁一定要一夜之间挖开陈霸先陵墓的原因所在，因为他只有一个晚上的安全时间，要是晚上没挖开，到天亮的时候，肯定会有人向官府汇报，官府就会出兵制止，那他的杀父之仇就报不成了。

挖墓之前，王颁确实曾忧心忡忡地对一千多个父亲的老部下说起自己的这个忧虑："其为帝王，坟茔甚大，恐一宵发掘，不及其尸，更至明朝，事乃彰露，若之何？"那一千多个人异口同声地回应说，你怕什么呀，有我们呢，我们这些粉丝都支持你，人多力量大，保准一个晚上就把事平了。一代英豪陈霸先的尸骨就这么被人给挖出来了，比被伍子胥鞭尸的楚平王结局还惨。

当然王颁也知道擅掘帝王陵墓的后果。当时带他平定陈国的最高统帅是晋王杨广，就是后来的隋炀帝。他干完这一切后，就叫人把自己绑了，然后到杨广那里去自首认罪，表示愿意接受任何处罚。

杨广不敢做主，把这件事上报给隋文帝杨坚，请父亲定夺。杨坚并没有怪罪王颁，而是选择了原谅，“朕以义平陈，王颁所为，亦孝义之道也，朕何忍罪之！”杨坚认为，王颁的行为虽然有罪，但自己感念他的一片爱父孝义之心，不忍心降罪与他，下不为例就好。

表面上看，杨坚是看在儿子孝顺父亲的份儿上对王颁免于刑事处罚，但也不难看出，其实杨坚对当年陈霸先杀害王僧辩之事是不认同的，觉得王僧辩并非奸恶之徒，他的死属于政斗的冤杀。可能正是基于此，杨坚不仅对掘墓焚尸之事舍而不问，还对破陈之事论功行赏，给王颁加官晋爵，赏赐财物。

但王颁拒绝接受一切赏赐和奖励，表示自己冲在最前线杀敌立功，并不是为了国家，而是出于私心，要到陈国去掘墓报仇，现在大仇已报，目的已经达到，不需要一切酬劳和奖励。看来在这方面，王僧辩的后人比陈霸先的后人有态度、明事理得多。

陈霸先也是个很有态度的人，他的态度就是萧绎的儿子萧方智是梁国唯一真正的皇帝，别的任何人都是假冒伪劣。这种态度下，刚刚登基称帝的萧渊明当然也属于假冒伪劣，在陈霸先的打假范围内。

萧渊明很自觉，在陈霸先杀死王僧辩后，他就知道自己的角色了，主动向陈霸先提出逊位，把皇帝位子让出来，搬离皇宫，住到私人住宅。认真算起来，这又是一个百日皇帝。五月二十七日称帝，九月二十九日退位，四个月的皇帝生涯，瘾还没过足，就下台了。接任皇位的，当然是陈霸先极力扶持拥戴的萧方智。十月初二，萧方智正式登基，改元绍泰，成为南梁最后一任皇帝，史称梁敬帝。

萧方智称帝后，陈霸先成为朝廷一号权臣，少年皇帝萧方智只是陈霸先的工具而已，一切事情都由陈霸先在背后做主。

萧渊明虽然退下皇位，但他并不像很多退位皇帝那样被杀死或毒死，因为他有北齐背景，陈霸先不敢加害他。为了笼络北齐，保持新立朝廷的稳定，陈霸先继续优待萧渊明，封他为司徒，让他享受三公待遇，并且低声下气地派遣使者到北齐汇报政局变动情况，向北齐皇帝高洋解释说：“僧辩阴图篡逆，故诛之。”

陈霸先果然适合搞政治，这时候他信口雌黄的本领显现出来了，把王僧辩杀了，还往他身上泼了一盆脏水，说王僧辩阴谋篡夺皇位，自己作为朝廷忠臣，不得已才把这个反贼杀了，请齐国皇帝原谅。同时诚恳地表示，梁国仍然向齐国称臣，永远做齐国的藩属国。

高洋被陈霸先屈膝认错的态度消了气，而且见王僧辩已死，生米已经煮成熟饭，于是便顺水推舟，表示承认萧方智的政权，但要求陈霸先将萧渊明安全送回齐国。

陈霸先巴不得萧渊明快点儿滚蛋，对这个南梁朝廷里他唯一不敢动的人，他早就烦透了，听说齐国要他，忙不迭地派战舰把他送往北方。没想到在这个关键的时候出大事了，萧渊明因为背上毒疮发作，在舰船上身亡。

这个退了位的皇帝其实真的是自己病死的，没人对他动过手脚。他死的时候，离他退下皇位已经过去七个月了，陈霸先要是想害死他的话，根本不用等这么久，七天就足够了。但他要这么干，他不是傻瓜吗，平白无故给自己招来一个劲敌。所以萧渊明的死真的只是一个意外。

但这个时间节点太敏感了，早不死，晚不死，偏偏在回北齐的路上死了。北齐当然觉得这是南梁在挑衅自己，故意跟自己作对，气得出动大量军队进攻南梁。

这个时候是陈霸先最艰难困苦的时期，北齐气势汹汹地打来，以前王僧辩手下的众多将领都反对陈霸先，同时在多个不同的地方向陈霸先开战。陈霸先疲于应付，焦头烂额。创业艰难的滋味，相对于前面几个南朝皇帝来说，陈霸先体会得最深。

南朝在这个时候分崩离析，国土支离破碎，山河风雨飘摇，自刘裕建宋130多年以来，这时候的南朝，是最纷乱、最弱小、最容易生出变数的时候。陈霸先在这个时候适时出现，以强人的姿态，从容面对不利于自己的各种劣势环境，四面出击，到处灭火，最终以少胜多，以弱胜强，在东南长江这块地方稳定了朝廷，确保东南沿海这一地区社会稳定，经济恢复，为华夏文化和文明的传承与发展起到了极大的作用，堪称古代杰出的政治家、军事家和革命家。

关于陈霸先力挫群雄、一统东南的丰功伟绩，本书省略，将在下本书中全方位讲述。

结尾说说梁敬帝萧方智被权臣陈霸先玩弄于股掌之中的事。

萧方智名为皇帝，实际上任何事都做不了主，朝政由陈霸先在幕后操纵，任何事情与决定，都是陈霸先根据自己的利益需要，以萧家皇帝的名义发布命令，全国遵照执行。

跟刘裕、萧道成、萧衍这南朝的三大权臣一样，在踹开萧家自己称帝的金光大道上，陈霸先也是按照常规套路走的。

萧方智刚登基时，陈霸先的职务是尚书令、都督中外诸军事、车骑将军、扬州刺史、南徐州刺史。这些职务涵盖了从中央到地方、从政治到军事的所有重要岗位，相当于总理兼军委主席兼禁军总司令兼卫戍区总司令，有这些职务在身，梁国所有事情，没有他的点头是办不成的。

不过，这只是权臣攀登权力顶峰的第一步。半年后，陈霸先进爵长城公。公爵是爵位中最高的一种，再上面就是王爵了。而按照当时的规矩，非皇家本姓近亲是不能封王的。陈霸先之所以先搞个公爵的帽子戴在头上，就是提前为公爵之上的王爵做准备。

一年后，陈霸先享有了“加黄钺，剑履上殿，入朝不趋，赞拜不名”的特权。拥有皇帝专用的诛杀斧钺，上殿面见皇帝时，可以穿着鞋子，腰悬宝剑，慢慢吞吞，从容不迫，见到皇帝时也不必自报姓名，只需要报个职务就可以了。看到这些熟悉的词组出现，大伙都知道，篡夺皇位是必然发生的事情了，因为这些特权是每一个权臣篡位的前奏曲，前奏一旦出现，篡位就近在眼前。

又过了一个月，梁太平二年十月（557年），陈霸先的爵位实现跃升，被晋封为陈王，专门划出扬州和南徐州的二十个郡作为陈国的采邑封地。陈霸先受封陈王是十月初三，十月初六，也就是封王的三天后，萧方智就在陈霸先的授意下，主动、自愿地将皇位禅让给他，创造了中国历史上从封王到受禅的最短时间纪录。当然，这个纪录并不光彩，陈霸先急吼吼的吃相显得太难看。

很多朋友也许会对晋封王爵的事情感到有些奇怪：既然都拥有随时当皇帝的权力了，为什么非要盯着王爵，而且一定要先封王呢？哪怕只有超短的七十二小时郡王经历也乐此不疲。其实这很好理解，门第观念根深蒂固的古代，非常讲究出身。一个没有郡王经历的人，直接从公爵跳升为天下君主，既荒唐又寒酸，不合规矩，难免让人笑话，所以必须先封王，然后就可以理直气壮地说，我是一步一个脚印，一级一级升上来的，是由陈王受禅成为皇帝的，若不是他强烈要求把皇位让给我，我还安安静静地当我的陈王呢！

557年十月初十，陈霸先登基称帝，改元永定，史称陈武帝，成为陈国的开国皇帝。

“陈”这个国名非常特殊，具有别具一格的陈国特色，拥有中国历史上的一项唯一——唯一一个皇帝姓氏和国名相同的国家。自秦始皇以后，中国这片疆域大大小小产生过多到难以精确统计的国家和帝王，但都是刘姓皇帝创立大汉、李姓皇帝创立大唐、朱姓皇帝创立大明，像陈霸先这样以姓为国名的，只此一家，别无分店。只是这个陈家店只存在了短短30年就破产倒闭了。

末代王朝都存在着破产倒闭大清算的流程，在大清算的过程中，破国皇帝作为法人代表，平安生存的概率极小。特别是在政权更迭频繁的南朝，前朝的皇帝，无论是主动让位还是被武力推翻，都免不了一死。这种夺了人家的位子，抢了人家的天下，还把人家杀死的恶例，是南朝才开始的特产，始作俑者就是南朝的第一个皇帝刘裕。

在南朝之前，禅位的皇帝都能确保人身安全，是刘裕为了斩草除根，杀死了让位给他的前朝司马家皇帝。此后，整个南朝的皇帝都前赴后继地效仿刘裕，使本来还算和平友好的禅让变成了可怕的梦魇。

对南梁末帝萧方智来说，禅位之后，梦魇同样附身。刚禅位时，陈霸先也按照套路，假惺惺地封他为江阴王，但在第二年的四月，离萧方智被迫让位刚好半年时，陈霸先就派人杀死了他。死的时候，萧方智才16岁，只是一个还没有真正成年的大孩子，但在古代宫廷的政治斗争中，从来没有年龄大小的区分，只有你死我活的残酷。

陈霸先杀起政治对手来毫不手软，在这点上，他比王僧辩狠多了。当年王僧辩苦于北齐压力，不得已废萧方智奉萧渊明时，陈霸先一副满身正气、大义凛然、忠臣良将的样子，万分心碎地质问王僧辩说，萧衍有那么多子孙，但能消灭侯景，为武帝报仇雪耻的，却只有萧绎一人，立有如此盖世之功，他的儿子却遭到废黜，为什么？这太没有道理了。

但同样是萧方智，他不但废黜了他，还无缘无故杀死了他。比起王僧辩，陈霸先心口不一、卑鄙无耻得多。王僧辩虽然废黜了萧方智，却还通过外交斡旋，为萧方智争得了太子之位，而且从来没想过弑君自立。至于说王僧辩向北齐屈膝求荣，陈霸先也没落下呀，他当初那样责怪王僧辩不该以北齐为主，而他自己呢，比王僧辩表现得更乖巧，杀死王僧辩后，第一件事就是派人到北齐汇报工作，低声下气地表示自己愿意称藩为臣。

所以，很多时候，历史真的没有对错，只有胜败。陈霸先胜了，创建了陈国，被人歌颂；王僧辩败了，被陈霸先杀死，但他不一定有错。

而对被强拥登位，没有作恶的小皇帝萧方智，后世也是予以了足够的同情。《南史》作者李延寿以慨叹的口吻替萧方智惋惜：“敬皇以此冲年，当斯颓运，将不高揖，其可得乎？”李延寿觉得，萧方智年纪幼小，生不逢时，除了拱手让位，没有别的办法。

唐朝名相魏征徵也在字里行间为萧方智鸣不平：“征伐有所自出，政刑不由于己，时无伊、霍之辅，焉得不为高让欤？”魏徵对萧方智身为皇帝，却任何事都不能做主的局面甚为不满，同时暗讽陈霸先没有伊尹、霍光那样精心辅佐小皇帝的肚量与胸怀，反倒自己篡位称帝。

陈朝取代梁朝是557年，萧衍创建梁朝的时候是502年，梁朝共存在了56年，是南朝宋、齐、梁、陈四个朝代中国祚最久的。不过，梁朝56的建国史是含有水分的，其实真正算起来，自梁武帝萧衍于549年死亡时，梁朝就算寿终正寝了，后面狗尾续貂的几年，纷乱扭曲得跟麻花似的，被入侵者掌控，被权臣把持，萧墙祸乱，自相残杀，而且还同时存在着两个梁国，不知道谁是谁非。这样的国家，有，不如没有；在，不如不在。

面对末世乱象，帝国坠落是一种必然。好在日出日落，此起彼伏是世界常道。一个皇帝死去，就有另一个皇帝诞生；一个帝国坠落，就有另一个帝国升起。梁国虽然坠落了，但紧随其后的陈国已经从地平线上冉冉升起，又一个太阳闪耀出自己的光芒。

这世界，虽然依旧纷乱寒冷，但已然被热烈的光芒一览无余地覆盖。

陈国，来了。

陈霸先，来了。